황호택의 눈을 떠요

황호택 | 시사 칼럼집

• 일러두기

이 책에 쓰인 기호는 다음과 같다.

– 책 이름: 《 》

– 신문, TV 프로그램, 시, 영화, 뮤지컬, 노래 등의 제목: 〈 〉

황호택의 눈을 떠요

황호택 | 시사 칼럼집

wide Look

황호택의 눈을 떠요
시사 칼럼집

지은이_황호택
펴낸이_이리라
책임 편집_이여진
편집+디자인_에디토리얼 렌즈
로고 디자인_이지영

2013년 5월 30일 1판 1쇄 펴냄

브랜드_와이드룩
펴낸곳_컬처룩
등록_2010. 2. 26 제2011–000149
주소_121–898 서울시 마포구 동교로27길 12(동교동 198–8) 씨티빌딩 302호
전화_070.7019.2468 | 팩스_070.8257.7019 | culturelook@naver.com
www.culturelook.net

Published by Culturelook Publishing Co.
Printed in Seoul

ISBN 978–89–968858–6–3 03300

* 이 도서의 국립중앙도서관 출판시도서목록(CIP)은 e-CIP홈페이지(http://www.nl.go.kr/ecip)와 국가자료공동목록시스템(http://www.nl.go.kr/kolisnet)에서 이용하실 수 있습니다. (CIP제어번호: CIP2013004234)

* 다양한 시각과 세계를 아우르는 '와이드룩'은 컬처룩의 출판 브랜드입니다.

| 차례 |

4. 신기루인가 변화의 바람인가

5. '소년 황제'의 마지막 행로

6. 한국이 이스라엘에서 배울 것

7. 경쟁과 과학을 장려하는 나라

8. 한 세기를 짓누른 일본 콤플렉스

9. 서민과 중산층을 위한 정당

머리말

31년 동안 신문업 종사자로 일하다가 지난해 말부터 채널A에서 아침 시간대에 〈황호택의 눈을 떠요〉라는 프로그램을 진행하고 있다. 신문에서는 최고참급 기자인데 방송에서는 수습기자다. 정말 방송은 신문과 본질적으로 다른 미디어임을 절감한다. 내가 신문에 쓴 칼럼은 독자의 반향을 측정할 객관적 지수가 없다. 써놓고 자족하면 그만이다. 코멘트를 하는 사람들도 필자가 듣기 싫어하는 말은 여간해서 하지 않는다. 그러다 보면 실제와 다른 착각에 빠져들기 쉽다. 방송은 하루 뒤면 정확하게 분당分當 시청률이 나온다. 독자의 반응을 크게 의식하지 않고 자기류의 글을 쓸 수 있음은 신문 칼럼의 장점이자 단점이다.

일주일에 토요일, 일요일만 빼고 매일 한 시간씩 생방송을 진행하다 보니 요즘은 양서를 읽고 깊은 사유를 할 시간이 모자란다. 방송에 나오는 뉴스메이커들의 이야기에서 힌트를 받아 칼럼의 소재로 삼을 때가 많다. 요즘의 내 칼럼은 이른바 신문과 방송 겸영의 소산이다.

이 책에 실린 글들은 모두 〈동아일보〉에 연재된 칼럼이지만 책 제목은 〈황호택의 눈을 떠요〉로 잡았다. 〈황호택의 눈을 떠요〉는 같이 방송을 진행했던 강수진 채널A 문화과학부장의 작명이다. 처음에는 나의 작은 눈을 놀리는 듯해 썩 유쾌하지 않았으나 캐릭터를 만드는 데 도움이 된다고 주위에서 권해 기꺼이 수용했다. '눈을 떠요'는 세상의 진실에 눈을 뜬다는 의미도 있으니 책 제목으로 빌려옴에 무리가 없었다.

책 제목을 차용하는 김에 방송 진행자로서 한 코멘트나 질문 클로징 멘트 등을 정리해 담았다. 작가 이하진 씨가 방송을 전회 들으며 정리하는 수고를 아끼지 않았다. 이 작가는 부산에 내려가 어머니 병간호를 하고 있다. 효녀를 둔 어머니의 쾌유를 빈다.

대통령 선거와 국회의원 선거로 요동치던 시기에 쓴 칼럼이 많아 자연히 정치 분야를 다룬 것이 많다. 정치 칼럼은 시간이 지나고 보면 흐름을 잘못 짚은 것들이 생겨 부끄러울 때가 있다. 하지만 이번에 책을 펴내며 다시 읽어 보니 핀트가 크게 어긋난 것은 없었다.

요즘 뉴스의 소비자들은 인터넷이나 스마트폰에서 원하는 기사를 찾아 읽는다. 신문이 인터넷 매체와 다른 특색을 가꾸어 살아나갈 수 있는 길이 칼럼에 있다고 생각한다. 건조한 논리가 가득한 논설에 비해 칼럼은 개성을 담은 글맛을 내서 독자를 끌어들인다. 좋은 칼럼은 세 가지를 갖추고 있어야 한다. 우선 관점이 새로워야 하고, 최신 정보가 담겨야 하며, 읽는 맛이 나야 한다.

어느 한쪽 편에서 깃발을 드는 칼럼에서는 뜨거운 결기가 느껴진다. 이와 달리 적절한 균형을 갖춘 칼럼은 잘 지은 집처럼 안정감이 있다. 나는 솔직히 보수나 진보로 분류되는 것이 마뜩치 않다. 국가 안보는 보수적 시각에서 볼 수도 있고 남북의 교류와 협력은 진보적 시각에서 접근할 수도 있는 것이다.

나는 방송에서도 새누리당과 민주당 사람들을 골고루 불러 열심히 들어주고 있다. 어느 한쪽만 옳고 다른 쪽은 틀렸다는 식으로 편들기를 하다 보면 저널리스트로서의 균형을 잃고 세상의 진실을 오독誤讀할 수도 있다.

채널A의 〈황호택의 눈을 떠요〉 팀이 많이 바뀌었다. 새로 진행에 합류한 이남희 〈동아일보〉 정치부 기자, 애정 어린 충고를 아끼지 않는 장기영 채널A 편집부 차장, 열정을 기울인 작품이 첫 방송에서 실망스러운 시청률을 기록했을 때 눈물을 글썽거렸던 김세진 PD 그리고 늘 생글생글 웃는 유지선 AD, 아이디어가 샘솟고 직언을 쏘아대는 작가 김서윤 씨, 얼굴에 밝은 미소가 머물러 있는 신희현 씨…… 방송이 아니었으면 어떻게 내가 이런 좋은 사람들과 인연을 맺을 수 있었으랴. 과분한 행복이다.

외도를 눈감아주고 논설실을 지키는 심규선 논설실장과 홍찬식 수석논설위원 그리고 논설위원 제위에게 감사드린다. 그리고 이진녕 논설위원과 정연욱 채널A 정치부장이 틈틈이 칼럼

원고를 읽어주고 화룡점정畵龍點睛을 해줬다. 박성원 〈동아일보〉 정치부장께도 때때로 신세를 졌다.

그동안 출판 일을 오래 해온 이리라 씨가 컬처룩이라는 출판사를 설립했다. 이여진 씨가 편집을 담당했다. 출판 불황의 시대에 기꺼이 출판해 준 이 사장에게 거듭 감사드린다.

표지화를 친구 김충순 화백이 그려줬다. 프랑스 파리에서 오래 그림 공부를 하다 돌아온 김 화백은 음악이 담겨 있고 로맨틱한 그림을 그린다. 나는 그의 그림을 좋아한다.

칼럼의 첫 독자 중에는 아내도 있다. 듣기 싫은 소리를 할 때는 귀에 거슬리지만 곰곰이 생각해 보면 더러 옳은 말도 한다. 두 아들(중산, 어연)을 잘 키워줘 고맙다. 내가 김지하 시인에게 "늙어서 노처老妻가 해주는 밥을 먹고 있는 당신은 행복한 사람"이라고 말했다. 늙어서 닻을 내리고 쉬어갈 항구가 없는 남자는 얼마나 적막하랴.

2013년 4월

황호택

1

안을 채워
밖에 쌓으라

싸이 "미치면 이기고, 지치면 진다"

2012. 10. 15

나는 그날 서울광장에 밀려든 군중을 힘겹게 비집고 들어가 무대에서 약 50m 떨어진 곳에서 싸이의 공연을 관람했다. 바로 옆의 10대 소녀들은 싸이의 몸동작에 맞추어 폴짝폴짝 뛰다가 내가 돌아보면 아버지한테 들키기라도 한 것처럼 멈춰 섰다. 그도 그럴 것이 주변에서 넥타이 정장 차림의 50대 '아저씨'는 나뿐이었다. 넥타이를 풀어 머리에 둘렀더라면 소녀들이 느끼는 위화감이 덜했을지도 모르겠다. 나는 설사 그들이 딸이었다고 하더라도 혀를 끌끌 찰 뜻은 전혀 없었다. 어른들의 문화보다 훨씬 건강한 모습이 아닌가. 자녀의 손을 잡고 나온 어머니들과 외국인도 눈에 많이 띄었다.

싸이는 수만 군중을 한몸처럼 요동치게 하는 강력한 '끼'를 발산했다. 그는 데뷔한 지 12년 됐지만 공연 활동은 고작 2년 남짓 했다. 한 번은 국가에서 금지한 담배(대마초)를 피워 방송 출연을 정지 당했고, 그다음엔 대체 복무와 군대를 합쳐 5년 동안 활동을 못했다. 젊은 나이에 곡절과 풍파를 겪어서인지 겸손한 태도로 팬들의 성원에 감사할 줄 아는 가수였다. 그는 "이번이 나의 마지막 공연이 될지 모른다"는 생각에 늘 혼신의 노력을 기울인다고 토로했다. 그것이 바로 관중을 매료시키는 비결일 것이다. 싸이가 감격의 눈물을 흘리자 관중 속에서 일제히 "울지 마"라는 함성이 터져 나왔다.

유튜브 타고 '넘사벽' 뛰어넘기

〈강남스타일〉은 유튜브 7년 역사상 최단 시간에 가장 많은 조회 수 기록을 세웠다. 싸이는 76일 만에 3억 뷰를 기록했고 매일 1000만 뷰씩 늘어나 2012년 10월 18일에는 5억 뷰를 돌파할 것으로 예상된다. 1936년 시작한 빌보드 차트는 매년 1위 곡이 몇십 곡씩 쏟아진다. 유튜브 조회 수 1위는 빌보드 1위보다 영예롭다고 할 수 있다. 한구현 한류문화연구소장은 "현재 추세로 한 달 후면 〈강남스타일〉이 저스틴 비버의 〈베이비*Baby*〉(7억 8800만 뷰)를 제치고 유튜브 조회 수 1위에 등극할 것이 확실하다"고 예측했다.

〈강남스타일〉은 인터넷 시대의 총아 유튜브를 타고 세계적인 문화 현상이 됐다. 톰 크루즈와 브리트니 스피어스 같은 세계적인 대스타가 싸이에게 손짓을 하고, 브라질 최고의 축구 스타 네이마르가 2012년 남미 슈퍼컵 우승 세리머니로 말춤을 추었다. 재미, 유머, 반전反轉의 코드로 교직된 동영상과 다섯 살짜리도 따라 할 수 있는 경쾌한 말춤이 아니었으면 언어와 문화의 장벽을 뛰어넘을 수 없었을 것이다.

유명해지고 나선 인터뷰를 기피하며 신비주의 전략을 쓰는 연예인도 많지만 싸이는 무대에서 소주 병나발을 불고 위악적僞惡的인 면모를 숨김없이 드러낸다. "부모님이 나를 부르는 애칭이 '무식한 놈'이다. 독서량이 극미해 노래 가사도 주워들은 말로 만든다"는 싸이의 노래 가사에는 때로 비속어가 튀어나오기도 하지만 청소년들의 대화는 그보다 훨씬 더하다.

박재상(싸이의 본명)은 대를 이을 사업가로 만들려는 아버지와의 엇나가기를 추동력으로 오늘의 성공을 이루었다. 늘 그렇듯이 새로운 시대는 아버지로 상징되는 기존 질서에 대한 부정과 저항에서부터 시작된다. 기성 관습에 젖은 아버지는 그걸 받아들이기가 쉽지 않지만 늘 역사는 새로운 세대의 승리로 귀결됐다. 그의 아버지 세대엔 미국과 유럽의 문화와 기술은 '넘사벽'(넘을 수 없는 4차원의 벽)이었다. 아무리 노력해도 격차를 줄이거나 뛰어넘을 수 없는 상대였다는 의미다. 싸이는 넘사벽을 단숨에 뛰어넘어 버렸다.

아버지에게 순종하는 착한 아들이었다면 오늘의 싸이는 없었을 것이다. 싸이는 청소년 시절 담배를 피우다 아버지에게 걸리자 "아버지부터 끊으세요"라는 말로 대들었던 반항아였다. 싸이가 2005년 〈아버지〉라는 사부곡思父曲을 발표하면서 부자의 화해가 이뤄졌다고 한다. 곡도 좋지만 가사는 더 좋다. 어머니에 대한 노래는 많지만 아버지에 대한 노래는 많지 않았는데, 싸이가 세상의 아버지들에게 좋은 일을 했다. 말도 '더럽게 안 듣고' 반항만 하던 아들이 이룬 놀라운 성과에 대해 아버지의 소감을 듣고 싶다. 세상의 아버지들이여, 자식의 반항과 순종을 새 시대의 관점으로 평가할지어다.

아버지와의 불화가 성공 코드

성공한 부모들은 자기 세대의 가치관에 맞는 좋은 직업을 아이들에게 강요하는 경향이 있다. 그러나 유튜브가 세상을 바꾸어 놓는 것처럼 기술의 발전과 세상의 변화는 너무 빠르다. 부모가 오늘 자식에게 강요하는 직업은 가까운 미래에 세상에서 사라져 버릴지 모른다. 차라리 아이들이 좋아하는 직업을 추구하게 놔두면 보수나 사회적 인식이 낮더라도 자기가 좋아하는 일을 하고 사는 행복을 느낄 수도 있다.

서울광장에서 쏟아낸 싸이의 어록에서 가슴에 와 닿는 말은 "지치면 지는 겁니다. 미치면 이기는 겁니다"였다. 싸이는 "나는 딴따라"라고 당당하게 말하는 가수다. 딴따라가 코리아의 이미지를 세계에 선양하는 시대다.

비닐하우스에서 일군 금메달

2012. 8. 13

2004년 아테네 올림픽 이후 메달 경쟁은 미국과 중국의 싸움이 돼가고 있다. 영국이 3위에 오른 것은 주최국 이점이 작용했다고 볼 수 있다. 2008년 베이징 올림픽에서 영국은 러시아 다음인 4위를 했다. 우리나라도 1988년 서울 올림픽에선 4위를 했지만 홈 어드밴티지가 없는 런던 올림픽에서 한 5위가 훨씬 값지다. 일본을 꺾은 축구 동메달도 소중하지만 메달 순위에서 일본이 5위(아테네) → 8위(베이징) → 11위(런던)로 하강하는 것과 달리 한국은 9위 → 7위 → 5위로 상승하는 것도 의미가 있다. 국가의 활력과 관련이 없지 않아 보인다.

엥겔스는 '양적 변화가 어느 한도에 이르면 질적인 변화를 일으킨다'는 헤겔의 철학을 수용해 자신의 유물론으로 발전시켰다. 중국 사람들은 여기서 유래한 "양 속에 질이 있다"는 말을 좋아한다. 인구가 많으면 우수한 체격 조건과 기량을 갖춘 선수도 많이 나오게 마련이다. 앞으로 올림픽에서 13억 인구의 중국은 금메달 수에서 1, 2위를 쉽게 내놓을 것 같지 않다.

스포츠 기자인 로라 벡시Laura Vecsey와 척 컬피퍼Chuck Culpepper는 메달 수로 그 나라의 인구를 나누는 MPC(Medals Per Capita. 인구 1인당 메달 수) 집계 방식을 만들어 냈다. MPC 방식을 적용하면 인구 10만 9000명의 소국으로 400m 달리기에서 금메달을 딴 그레나다가 단연 1위다. 2위는 바하마, 3위는 자메이카. 중국은 47위로 밀려나 있다.

인구와 경제력이 받치는 메달 수

경제력이 큰 나라일수록 메달을 많이 딸 가능성이 높다. 올림픽은 '쩐의 전쟁'이라는 말도 있다. 한국이 가난하던 시절에는 복싱, 레슬링 같은 격투기 종목에서 주로 메달을 건졌으나 요즘은 부모들이 하나나 둘뿐인 자녀에게 몸 상하는 운동을 시키기 싫어한다. 우선 종목의 이미지가 멋있어야 올림픽 꿈나무와 어머니들이 모여든다. 펜싱, 리듬 체조, 피겨스케이팅, 수영, 사격 등이 대표적이다. 우리가 겨울 올림픽 종목에서 좋은 성적을 내는 것도 우리의 소득이 높아지면서 겨울 스포츠에 대한 관심이 높아졌기 때문일 것이다.

올림픽 메달은 국가가 얼마나 집중 투자하느냐와도 관련이 깊다. 북한, 옛 동독, 옛 소련의 사례를 보면 사회주의 국가들이 올림픽 메달 경영은 성공하는 경우가 있다. 과거 동독은 통일 전까지 올림픽에 5번 출전해 153개의 금메달을 땄다. 동독은 마지막으로 출전한 서울 올림픽에서 소련에 이어 2위를 했고 서독은 5위였다. 그러나 서울 올림픽 이듬해 베를린 장벽이 무너지면서 동독은 서독에 흡수 통합됐다. 런던에서 15위를 한 쿠바나 20위를 한 북한도 경제력에 비해서는 월등히 선전했다.

중국도 어릴 때부터 운동 천재를 뽑아 스파르타식으로 길러내고 있다. 런던 올림픽에서 혜성처럼 떠오른 여자 수영 천재 예스원이 대표적이다. 메달을 많이 딴다고 그 나라의 국격이 올라가는 것은 물론 아니다. 올림픽에 인권이라는 종목을 만들어 놓으면 남의 나라 국민까지 고문하는 중국은 아마 100위 안에 들어오기 어려울 것이다.

메달을 1인당 국내총생산(GDP)으로 나누는 방식은 가난한 나라가 딴 메달을 더 가치 있게 쳐준다. 1인당 GDP로 메달 수를 따지면 중국이 1위이고 북한이 2위, 에티오피아가 3위, 한국은 13위다. 세계 2위의 인구를 자랑하는 인도는 올림픽 메달 수에 별로 집착하지 않는다. 가난하지만 행복 지수가 스스로 높다고 믿는 국민이 많은 나라일수록 올림픽 메달 수에 대한 집착이 강하지 않다.

한국 선수들이 딴 메달 하나하나가 모두 아름답지만 그중에서도 '도마의 신기神技'를 보여 준 양학선 선수가 따낸 금메달은 가슴 뭉클한 드라마였다. 그는 160cm라는 작은 키를 이용해 공중에서 3회전하는 1080도 비틀기의 초고난도 기술을 개발했다. 태릉선수촌에서 하루에 4만 원씩 받는 훈련비를 모아 비닐하우스에 기거하는 부모에게 한 달에 80만 원씩 송금한 효심도 메달감이다. LG그룹 구본무 회장은 그의 효심과 청소년들의 역할 모델이라는 점을 높이 평가해 5억 원의 격려금을 내놓았다. 빈부격차가 커지고 신분 상승의 사다리가 사라졌다는 탄식이 들리지만 한국은 비닐하우스에서 금메달을 일구는 나라다. 어떤 방식의 메달 집계로도 양학선과 같은 감동 지수를 담아낼 수 없다.

빈곤 가정 청소년들의 역할 모델

한국인은 뭘 해도 잘하는 민족임이 런던 올림픽에서도 증명됐다. 메이드 인 코리아와 한류가 아시아를 넘어 유럽과 남북 아메리카로 뻗어나가는 것도 한국인에게 남다른 집념과 창의력이 있기 때문이다. 반전에 반전을 거듭하는 영화 〈도둑들〉을 보면 한국 영화가 이제 할리우드의 수준을 따라잡고 있다는 느낌이 든다. 런던 올림픽은 우리가 더 빠르게, 더 높이, 더 멀리 뛸 수 있음을 보여 줬다.

‘담쟁이’를 흔들지 말라

2012. 7. 16

담쟁이는 축대나 건물 벽을 타고 올라가 회색을 녹색으로 바꾸어 놓는다. 담쟁이가 붉은 벽돌 건물을 뒤덮은 경동교회는 서울 중구 장충동의 명물이다. 일상에 바쁜 사람들은 담쟁이 잎 색깔을 보며 계절의 변화를 깨닫는다. 도종환 시인의 상상력은 흔해빠진 넝쿨 식물을 보는 우리의 눈을 바꿔놓았다. 도 시인은 ‘넘을 수 없는 벽이라고 고개를 떨구고 있을 때 담쟁이 잎 하나는 담쟁이 수천 개를 이끌고 결국 그 벽을 넘는’ 모습을 그려냈다.

〈한국경제신문〉이 2009년 직장인을 대상으로 실시한 ‘내 인생의 시’ 설문 조사에서 〈담쟁이〉가 1위로 꼽혔다. 도 시인은 올 초 북 콘서트에서 사회자의 질문에 “전교조 일로 회의를 하는 도중에 창밖을 내다보는데 옆 건물 벽에 담쟁이가 가득 출렁이고 있었다"고 시상이 떠오르던 순간을 회고했다. 그는 "포기하지 않고 옆에 있는 다른 이파리들과 손에 손을 잡고 말없이 벽을 오르는" 담쟁이에 관한 생각을 회의 서류 뒷면에 연필로 옮겼다고 말했다. 이 시에 전교조나 이 단체와 관련된 단어는 들어 있지 않다. 오히려 작가의 해설이 명시 〈담쟁이〉를 좁은 틀 안에 가둬놓는 느낌이다.

도종환, 서정주의 시, 교과서에 실어야

전교조가 지금은 합법 단체가 돼 교육감도 여럿 배출했지만 탄생 초기에는 단순 가입만으로도 해고와 형사 처벌 대상이었다. 도 시인은 전교조에 가입해 해고당하고 수감 생활을 했다. 그의 이름 석 자를 유명하게 만든 것은 32세 때 아내를 여의고 펴낸 《접시꽃 당신》이라는 베스트셀러 시집이다. "살아 평생 당신께 옷 한 벌 못해 주고 / 당신 죽어 처음으로 베옷 한 벌 해 입혔네"(〈옥수수밭 옆에 당신을 묻고〉)는 인구에 회자되는 시구다.

한국교육과정평가원이 도 시인의 시들을 교과서에서 내리라고 출판사에 권고했다가 중앙선관위의 유권 해석을 받고 번복했다. 도 시인이 국회의원이 되고, 민주당 문재인 의원 캠프의 대변인을 맡은 것에 대해 여러 갈래의 논의가 있을 수 있지만 그의 시를 교과서에서 삭제할 필요까지는 없을 것이다.

한국 시단의 고봉高峰 미당 서정주의 시도 교과서에서 사라지는 수난을 겪었다. 지금은 심화 과목인 문학 교과서에 실려 있지만, 내년에 개정되는 국어 교과서에도 그의 시는 빠져 있다. 섬진강 시인 김용택은 작년 〈신동아〉 8월호 인터뷰에서 "정말 좋은 시는 서정주의 시"라고 말하면서도 교과서에 싣는 데는 반대했다. 이소리 시인이 '서정주의 친일과 문학을 분리해서 봐야 한다는 말도 많은데요'라고 묻자 "그게 복잡해요. 우리 시대가 아직 정리가 안 됐기 때문에, 이 사람 시가 교과서에 실린다는 건 상당히 문제가 있죠"라고 답했다.

서정주의 고향 전북 고창군 부안면 선운리 질마재 생가 옆에 미당 시문학관이 있다. 《화사집》, 《귀촉도》, 《신라초》, 《동천》 같은 시집들과 함께 담시譚詩 〈종천순일파從天順日派〉도 함께 전시돼 있다. 그는 이 시에서 일제강점기를 살며 "이것은 하늘이 이 겨레에 주는 팔자"라고 생각했다는 것이고, "일본식으로 창씨개명하지 않을 수 없었던 우리 다수 동포는 아마도 나와 의견이 같으실 듯하다"라고 변명했다. 민족 문화와 역사를 천착한 시인으로서 친일 시작詩作을 하며 어려운 시대를 비켜간 것은 후세가 본받을 만한 삶의 태도는 아니다. 도 시인의 시 〈흔들리는 꽃〉처럼 "흔들리잖고 피는 꽃 어디 있으랴," "젖지 않고 피는 꽃 어디 있으랴"만 비바람 속에서 줄기를 곧게 세웠더라면 더 존경을 받을 수 있었을 것이다.

그렇지만 우리말의 영토를 넓힌 미당의 시들을 교과서에서 완전히 빼버리는 것은 허전하다는 생각이 든다. 문학 평론가 유종호 씨는 "미당의 시는 재미있게 읽히고 우리말이 친밀하게 표현된 독특한 시다. 우리말과 우리 유산을 즐기는 데 귀감이 되는 작품"이라고 평가했다. 학교 교실에서 교사들은 그의 빼어난 시작들과 함께 시인에 대해서도 빛과 그늘을 가르쳐 줄 수 있을 것이다.

시인의 '찬란한 노을'은 애송시

"내 인생의 시간은 오후 세시에서 다섯시 사이에 와있다…… 해가 다 저물기 전 구름을 물들이는 찬란한 노을과 황홀을 한번은 허락하시리라는 생각만으로 기쁘다…… 아직도 내게는 몇 시간이 남아 있다"(도종환의 시 〈세시에서 다섯시 사이〉).

도 시인은 1954년생으로 58세다. 이 시의 시간 계산법으로 하면 몇 시간 후 석양이 깃들 삶에서 그가 국회의원이나 대선 캠프 대변인이라는 자리를 '저물기 전의 찬란한 노을'이라고 생각하지는 않을 것이다. 나는 도 시인이 한국의 시맥에 우뚝 솟은 서정 시인으로서 〈담쟁이〉처럼 대중의 사랑을 받는 시편들을 다수 남기기를 바란다. 전교조나 캠프를 넘어, 좌와 우를 아우르는 애송시로 이 시대의 찬 가슴을 덥혀주고 한줄기 위안을 주는 것이 시인의 '찬란한 노을'일 것이다.

'레이디 가가'와 겨루는 소녀시대

2011. 10. 30

소녀시대 9명의 얼굴을 보면 누가 누군지 분간이 잘 안 된다. 한국 여성들이 언제부터인지 두 눈이 동그랗게 크고 모두 쌍꺼풀을 깜박이고 콧날이 오뚝해졌다. 김수미, 사미자, 전원주는 쉽게 구별되는데 요즘 뜨는 걸그룹 멤버들은 닮은꼴로 예쁘다. 어찌됐든 예쁜 얼굴과 늘씬한 S라인도 한국의 경쟁력이거늘 공연한 트집을 잡을 생각은 없다. 프랑스 파리를 흔들어 놓았던 소녀시대는 미국 뉴욕 매디슨스퀘어가든에 진출해 레이디 가가, 브리트니 스피어스 같은 미국 톱 가수들의 반열에 올랐다는 평가를 받았다.

매디슨스퀘어가든은 세계적인 팝 아티스트로 인정받아야 설 수 있는 무대다. SM엔터테인먼트 소속 소녀시대, f(x), 보아,

강타, 동방신기, 슈퍼주니어, 샤이니의 공연을 보려고 멀리 캐나다 퀘벡에서 온 소녀는 "우리나라에는 저런 가수들이 없다"며 열광했다. 미국 일간 신문 〈뉴욕 데일리 뉴스〉는 "한국 아이돌 그룹은 세련되고 깔끔하고 섹슈얼 이미지를 덜 풍긴다"며 "프리마돈나처럼 도도하지 않고 팬들에게 겸손하고 친절하다"는 칭찬을 곁들였다. 소녀시대의 〈더 보이즈*The Boys*〉 뮤직 비디오는 유튜브에 공개한 지 열흘 만에 조회 수 1400만 건을 돌파했다. "세상을 이끄는 저 멋진 여자들 여기 모여라…… 전 세계가 주목해"라는 랩은 자신들의 이야기 같다.

초신성 입대 전 일본 공연 눈물바다

나는 2주 전 일본 도쿄 인근 사이타마의 슈퍼아레나경기장에서 초신성의 팬미팅 공연을 관람했다. 10월 25일 군에 입대한 초신성 리더 윤학이 이별의 눈물을 흘릴 때 체육관 2만 석을 가득 메운 여성 팬들이 함께 울었다. 일본 전국에서 15회에 걸쳐 공연한 초신성 팬미팅은 15만 원짜리 표가 전회 전석 매진되는 기록을 세웠다. 일본 〈산케이신문〉이 발행하는 한류 주간지 〈한펀韓*Fun*〉 24호는 초신성을 커버 스토리로 다루고 배용준과 동방신기의 기사로 지면을 채웠다. 일본 국가주의 성향의 〈산케이신문〉 계열사인 후지TV는 한류드라마와 케이팝을 집중 방영해 반反한류 시위대의 표적이 되기도 한다.

윤학은 한국과 일본에서 정체성 혼란을 겪는 가수다. 일본에서는 극성팬들이 숙소와 식당까지 따라붙을 정도지만 김포공항에 내리면 알아보는 사람이 별로 없다. 그가 출연하는 NHK의 〈TV로 한글강좌〉에서 한국어를 배운 여성 팬들은 한국어로 팬레터를 쓴다. 윤학이 머무는 호텔 방에는 종이로 접은 용과 학, 앨범, 다이어리 그리고 아이패드, 의류, 선글라스, 초콜릿 같은 소녀 팬들의 선물이 가득하다. 일본 남자들은 규격화, 분자화돼 멋이 없다는 말을 듣는다. 일본 소녀들은 현실에서 이룰 수 없는 사랑을 한류 스타를 통해 대리만족하고 있는 것 같다.

대만에서는 슈퍼주니어의 〈미인아〉와 2PM의 〈핸즈업〉이 음악 사이트를 뜨겁게 달구고 있다. 대만 소녀들은 2PM이 들렀던 타이베이의 레스토랑, 호텔, 햄버거집을 성지 순례하듯 찾아다닌다.

김종진 제이제이와피디들 대표는 "SM엔터테인먼트의 이수만 대표가 H.O.T.의 2000년 베이징 공연을 성공시킨 후 케이팝의 해외 진출에 10여 년 공을 들였다"며 "작년부터 유럽과 미국 남미에서도 공연 요청이 들어오면서 한류 음악은 세계적 현상으로 자리 잡았다"고 말했다. 12월 방송을 시작하는 종합 편성 채널 TV 채널A의 이문혁 PD는 "이수만 씨가 한류 음악 세계화의 최대 공로자이고 박진영, 양현석 씨도 후발 주자로서 힘을 보탰다"고 평가했다. 유튜브와 소셜 네트워크 서비스(SNS)의 도움도 컸다. SNS를 통해 케이팝의 소문이 퍼지고 유튜브로 감상하는 세상이 되면서 대중 문화의 국경선이 무의미해졌다.

한국에서 아이돌을 만들기 위해 기획사들은 엄격한 오디션을 거쳐 용모와 가창력을 갖춘 10대들을 선발한다. 이들은 평균 2, 3년 길게는 4, 5년간 하루 10여 시간씩 노래와 춤 그리고 무대 매너를 익힌다. 요즘에는 영어, 일본어, 중국어 같은 외국어도 필수 과목이 됐다. 일본 아이치대를 졸업한 윤학은 "일본 가수들에겐 연습생 과정이 없다. 한국 아이돌은 독기를 품고 연습해 팬들의 눈과 귀를 즐겁게 하는 퍼포먼스 그룹으로 성장한다"고 성공 비결을 분석했다.

케이팝이 한국 브랜드 가치 높인다

해외 시장에서 코리아 디스카운트를 극복하자면 대한민국이라는 국가 브랜드의 가치를 높여야 한다. 케이팝, 한류 드라마와 영화는 수출에 크게 의존하는 한국 경제의 효자가 되고 있다. 최근 세계 여러 나라에서 한국 의류와 화장품, 휴대전화를 비롯한 전자제품이 불티나게 팔리는 데는 한류가 톡톡히 기여하고 있다는 소식이다. 한류의 발원지를 찾아다니는 관광객도 날로 늘어나고 있다. 연말부터는 지상파 방송의 독과점을 깨고 종합 편성 채널 4개가 생겨 한류의 발신지가 확대된다. 나이 든 세대도 시드는 인생을 한탄할 것이 아니라 신세대의 역동적인 춤과 노래로 가끔 기氣를 돋울 일이다.

금오도
비렁길의
따순김 마을

2013. 4. 25

전남 여수 백야도 선착장을 떠나 금오도로 가는 배 안에서 선원은 “여수에 사는 사람들도 금오도 비렁길을 가보고 이런 데가 다 있었냐고 놀랍니다”라고 말했다. 여수시에는 섬이 365개나 있다. 거문도, 백도를 비롯해 금오도, 개도, 사도, 낭도, 안도, 초도 등 아름다운 섬들로 이루어진 다도해국립공원이다.

벼랑을 이곳 사투리로 비렁이라고 부른다. 금오도 비렁길은 최근 2, 3년 새 알려진 트레킹 코스다. 차도가 생기기 전에 섬사람들이 바닷가 벼랑을 따라 오가며 삶을 꾸려가던 길이다. 섬에 자동차가 들어오면서 비렁길은 잊혀진 존재가 됐다가 최근 제주 올레길 같은 트레킹 코스 개발 붐이 일어나 새롭게 각광받고 있다. 작년 7월에는 행정안전부가 ‘우리마을 녹색길 베스트 10’으로 선정했다. 총연장 18.5km의 비렁길은 모두 5개 코스로 나뉜다. 일정이 바쁜 사람들에게는 3코스(직포~학동)와 1코스(함구미 선착장~두포)를 권하고 싶다.

이른 아침 직포항에 닿아 섬에 두 명 있는 문화 해설사가 안내하는 민박집에서 8000원짜리 백반을 먹었다. 가사리국에 청다리 돌김 무침 같은 해초로 만든 반찬들이 입맛을 돋우었다. 갯가에서 잘 자라는 방풍나물은 전국 생산량의 80%가 금오도에서 나온다. 주민 중에는 두어 달 방풍나물 재배를 해 2000만~3000만 원의 소득을 거뜬히 올리는 사람들도 있다.

금오도는 우리나라에서 21번째 큰 섬. 주민은 1600여 명이다. 금오도는 예부터 궁궐을 짓거나 보수할 때 쓰이는 황장목이 나던 곳으로 조선시대까지만 해도 민간의 출입이 금지돼 자연환경이 잘 보전될 수 있었다고 한다.

3코스로 들어서면 동백나무 터널이 이어진다. 동백은 11월 말경부터 이듬해 4월까지 피고 지기를 거듭한다. 금오도 3코스를 걷다 보면 길 위에 동백꽃이 지천으로 떨어져 있다. 다른 꽃들은 이파리가 하나씩 낙하하지만 동백은 가장 화려할 때 봉오리째 떨어진다. 금오도의 동백은 두 번 핀다. 동백나무 위에서 한 번 피고 비렁길 위에서 또 핀다. 동백 숲 터널 사이로 얼핏얼핏 보이는 다도해는 옥색, 하늘색, 에메랄드색, 파란색으로 출렁인다.

3코스에는 소사나무 군락지가 많다. 남쪽의 섬들에는 상록수가 많아 사계의 변화를 느끼기 어렵다. 금오도의 소사나무는 사계의 변화를 알려주는 수종이다. 금오도 곳곳에서 야생 갓을 만날 수 있다. 전국에서 가장 유명한 원조 갓김치가 바로 여수 돌산에서 생산된다. 노란 꽃을 피우는 야생 돌갓은 이미 쇠어 버려 김치를 담가먹기엔 너무 억세다. 잘 담근 갓김치를 씹으면 쌉쌀한 갓 향이 입맛을 자극한다. 와인이나 막걸리와도 궁합이 잘 맞는다.

4코스에는 10여 가구가 살던 '따순김'이라는 마을이 있었지만 지금은 흔적만 남아 있다. 대나무 숲과 마을 한가운데를 흐르던 개울이 옛 사람들의 자취를 말해 준다. 농촌 마을에 가면 사람이 살지 않는 폐가가 많지만 따순김은 한마을이 통째로 사라진 바닷가 폐촌廢村이다. 섬에서도 오지인 마을에 살던 노인들이 하나둘 죽으면서 폐가들이 생기고 그마저 남은 사람들도 대처로 이사 가면 마을이 텅 비는 것이다. 금오도에는 자식들을 대처로 내보내고 혼자 사는 할머니, 할아버지가 많다. 이들이 죽고 나면 폐가가 되겠지만 요즘은 낚시나 트레킹하러 왔다가 이런 집을 사는 사람이 늘고 있다는 소식이다.

서해나 남해의 섬에는 초분이라는 장례 풍습이 있다. 사람이 죽으면 육탈肉脫할 때까지 기다렸다가 매장하는 장례법이다. 4코스에도 돌담으로 쳐진 초분 터가 보존돼 있었다. 금오도 비렁길은 그 자체가 자연 식물원이지만 문화 인류학적인 콘텐츠를 덧붙인다면 더 흥미로운 트레킹이 될 것이다.

금오도는 커다란 바위섬이다. 바닷물이 닿는 곳은 바위의 맨살이 드러나 있다. 바위가 오랜 풍화風化 작용을 거치고 나무와 풀의 퇴적물이 쌓여 토양이 됐다. 비렁길 주변의 밭들에는 돌담이 쳐져 있다. 밭을 일구다 주워낸 돌로 축대 겸 담을 쌓고 경계를 표시했다. 조상들이 힘겹게 가꾼 밭들이 지금은 경작하는 사람이 없어 초목이 무성하다. 버려진 밭둑에서 물곳(무릇)이 자라고 있었다. 물곳의 둥근 뿌리는 단맛이 나서 섬사람들이 기근 때 구황식품으로 먹었다고 문화 해설사는 설명했다.

바닷가 소나무들은 작년 태풍에 바닷물이 수십 미터씩 솟구쳐 덮치는 바람에 빨갛게 말라죽은 가지들을 달고 있었다. 태풍이 호우를 함께 몰고 왔더라면 바닷물을 씻어 낼 수 있는데 바람만 거세게 불고 비가 오지 않아 소나무들이 바닷물을 뒤집어쓰고 미처 물 샤워를 못한 것이다.

금오도 면소재지 마을에서 어부가 그물로 잡아온 볼락 자연산 회를 점심에 곁들였다. 비렁길에 외지 사람들이 몰려들기 시작하면 이런 별미도 점점 귀해질 것이다. 마침 금오도에서 가까운 순천만에서는 국제정원박람회가 10월 20일까지 열리고 있다.

부석사의 파도와 충효당 고방의 주련

2011. 6. 6

선조 때 영의정을 지낸 서애 유성룡은 벼슬을 마치고 향리로 내려와 초가삼간에서 살다가 별세했다. 지금의 충효당忠孝堂은 서애가 세상을 뜬 뒤 손자와 제자들이 그의 학덕을 기려 지은 집이다. 충효당 내당內堂 고방(광) 문에 '충어내充於內 적어외積於外'라는 주련柱聯이 붙어 있었다. 고방 안을 채우되 바깥사람들을 잘 먹여 덕을 쌓으라는 뜻이다. 노블레스 오블리주의 정신이 담겨 있는 주련이다.

한중교류협회(회장 김한규 전 총무처장관)를 따라 영주의 부석사와 소수서원, 안동의 도산서원, 병산서원, 하회마을을 1박 2일로 돌아봤다. 이배용 국가브랜드위원장(전 이화여대총장/사학)이 저술을 위한 강의를 곁들여 쏠쏠한 역사 공부가 됐다. 충효당의 14대

종부 최소희 할머니(84)는 출타 중이었다. 내당 대청마루에 앉아 안주인이 챙겨놓고 간 음료를 마시며 역사 문화 강좌를 들었다.

최 씨는 경주 최부잣집 둘째 딸로 도지사 며느리 자리를 마다하고 충효당 종부宗婦로 들어왔다. 시집 올 때 하회마을 300가구에 이바지를 돌렸다. 경북에는 문화재로 지정된 종가宗家만 120여 곳에 이른다. 1년에 10여 차례 제사를 지내는 종부의 삶을 이어갈 규수를 찾기가 점점 어려워지고 있다. 경북 영주의 달성 서 씨 종가에는 베트남 며느리가 들어왔다.

반상班常이 나누고 배려하는 문화

하회마을에는 기와집과 초가집이 사이좋게 어깨를 비비고 서 있다. 상민과 하인들도 1년 중 하루만은 탈로 얼굴을 가리고 억눌린 감정과 불만을 해소할 수 있었다. 하회별신굿탈놀이는 지배 계층인 양반들의 묵인 속에서 진행된 '야자 타임'이다. 하회마을의 서민은 단순히 양반을 조롱하는 수준이 아니라 삶의 애환을 예술성 높은 굿판으로 승화시켰다. 하회탈은 국보 121호이고 탈놀이는 중요무형문화재 69호다.

양반들은 음력 7월 초순이나 중순 무렵에 하회마을을 돌아가는 낙동강에서 배를 타고 줄불놀이를 즐겼다. 부용대에서 강 건너 만송정에 이르는 공중에 동아줄을 매달아 놓고 뽕나무 뿌리로 만든 숯 봉지를 태워 허공을 은은하게 밝히고 음주가무와 시회詩會가 벌어졌다. 이 위원장은 "고품격의 양반 문화가 민중의 지지를 받아 보존될 수 있었던 데는 반상班常 사이에 나눔과 배려가 있었기 때문"이라고 설명했다.

영주 부석사의 무량수전無量壽殿 현판은 고려 말 공민왕이 홍건적의 난을 피해 왔다가 남겨 놓은 글씨다. 무량수전 배흘림 기둥에 기대 서서 눈을 들어 보면 소백산 산등성이들이 무량수전을 향해 파도처럼 밀려온다. 부석사 절집들의 지붕은 반듯한 세로줄이고, 소백산 산등성이들은 붓으로 휘갈긴 가로줄이다. 종선과 횡선, 인공과 자연의 절묘한 조화다. 범종루에서 안양문安養門을 올려다보면 공포가 여섯 부처로 보인다. 무량수전의 붉고 노란 단청이 햇빛에 반사돼 부처 모양의 공포를 통해 비춰지는 건축의 요술이다. 세상 만물이 보이는 게 전부가 아니라는 색즉시공 공즉시색色卽是空 空卽是色의 불교 철학을 담고 있다.

영주 소수서원紹修書院 담장 밖에서 오래된 소나무들이 키재기를 한다. 이 위원장은 "소나무들이 공부를 하고 싶어 담을 넘어 서원 안을 들여다보는 형상이어서 학자수學者樹라 불린다"고 해설했다. 내가 "소나무들이 햇빛을 많이 받아 광합성光合成의 생산량을 높이기 위해 나무가 없는 서원 마당 쪽으로 기우는 현상"이라고 토를 달았다. 학자수라는 시적 상상력과 숲의 생태에 관한 식물학은 서로 배척하지 않고 우리의 사유思惟를 풍성하게 만들 수 있다.

소수서원은 풍기군수 주세붕이 세운 한국 최초의 서원이다. 서원 옆으로 흐르는 죽계천竹溪川은 세심洗心의 의미를 지녔다.

물은 높은 데서 낮은 데로 흐른다. 개울이 모여 하천이 되고, 강이 되고, 종국에는 바다와 만난다. 배울수록 자신을 낮추고 넓은 세계를 향해 나가라고 물이 가르쳐 준다.

9개 서원, 세계 문화 유산으로

김병일 국학진흥원장(전 기획예산처 장관)은 "선비는 글과 도덕을 갖추고 의리와 범절에 따라 행동하며 충忠, 효孝, 서恕를 솔선수범한 사람"이라고 규정했다. 선비 문화가 여성과 서얼庶孼, 상민常民을 차별하고, 사농공상士農工商의 위계를 매겨 산업을 낮춰 보고, 무武를 경시하고 실용보다 의례에 치중한 폐단도 컸다. 그러나 실력을 기르고 겸손하고 타인을 배려하고 공동체에 헌신하며, 부모 스승을 존중하는 예절은 오늘에도 귀감으로 삼을 만하다.

소수서원을 비롯해 안동의 도산서원과 병산서원, 필암서원(장성), 무성서원(정읍), 옥산서원(경주), 도동서원(달성), 남계서원(함양), 돈암서원(논산) 등 9개 서원은 유네스코 세계 문화 유산 등재를 준비하고 있다. 현대 한국인의 삶은 서구 문명 속에 파묻혀 있지만 선현들이 남긴 정신 문화는 소중히 간직해야 할 우리의 뿌리다.

절제와 느림의 미학 〈달빛 길어올리기〉

2011. 3. 14

임권택 감독의 101번째 영화 〈달빛 길어올리기〉는 주요 장면마다 만월滿月이 떠올라 지상을 밝혀준다. 임 감독은 한지韓紙의 이미지를 달빛으로 형상화했다. 시청 7급 공무원 역의 박중훈과 다큐멘터리 영화 감독 역할의 강수연이 달빛 교교한 강둑을 드라이브하는 장면은 이 영화에서 가장 아름다운 영상이다. 영화의 라스트 신에서도 지장紙匠이 심산유곡의 달빛을 조명 삼아 천년을 살아남을 종이를 제작한다.

한지는 일견 극영화보다는 다큐멘터리에 더 잘 어울릴 소재다. 임 감독이 직접 시나리오를 쓰며 취재한 다큐멘터리적 요소가 영화 곳곳에 녹아 있다. 여자 주인공도 다큐멘터리 감독이다. 영화의 스토리는 《조선왕조실록》 4대 사고史庫 중 임진왜란 때 유일하게 불타지 않고 살아남은 전주사고 보관본을 전통 한지로 복원하는 실화를 뼈대로 삼았다.

요즘 젊은 관객은 할리우드 영화류의 빠른 템포와 떠들썩한 재미에 길들어 있다. 임 감독을 만나 보면 이런 영화의 흐름을 거스르는 오기 같은 것이 느껴진다. 이번 영화도 그런 연장선에 있는 작품이다.

영화는 작품성과 흥행성이 서로 맞아떨어지기도 하고 엇나가기도 한다. 국제영화제에서 큰 상을 여러 차례 받은 임 감독도 영화의 흥행 예측에서는 번번이 빗나갔다. 그는 판소리 영화 〈서편제〉(1993)로 관객 100만 명 돌파 기록을 최초로 수립한 감독이다. 임 감독이 〈장군의 아들〉(1990)로 공전의 히트를 치자 태흥영화사가 별다른 기대없이 보너스 삼아 제작비를 대준 것이 〈장군의 아들〉보다 더 많은 관객을 불러들였다.

임권택 101번째 영화와 강수연

내가 이 영화의 개봉을 기다린 또 하나의 이유는 40대 중반에 접어든 강수연이 어떤 매력으로 관객에게 다가올까 하는 궁금증에서다. 강수연은 20대 초반에 〈씨받이〉(1987)와 〈아제아제 바라아제〉(1989)로 국제영화제에서 여우주연상을 받았다. 둘 다 임 감독 작품이었다. 20대 초반에 월드 스타로 불리다 최근 영화를 거의 쉬고 있던 그가 22년 만에 임 감독과 영화에서 다시 만났다. 둘은 감독과 배우 사이라기보다 영화의 도를 사사師事하는 스승과 제자 같다.

나는 전주 촬영 현장으로 임 감독을 찾아갔다가 강수연의 실물을 처음 보았다. 기자라는 직업 탓에 탤런트와 영화 배우를 직접 만날 기회가 더러 있었지만 월드 스타급 영화 배우는 단순히 예쁜 게 아니라 사람을 흡인하는 힘이 있다. 임 감독은 절정의 시기를 지난 40대 중반의 여인이 은은하게 뿜어내는 매력을 잡아내려고 노력했다고 말했다. 강수연은 영화에서 심심한 일상의 연기를 한지에 먹물이 배어나듯 자연스럽게 표출한다.

박중훈도 코미디와 액션 배우로서의 패턴에서 벗어나 다큐멘터리 영화 속의 인물 같은 역을 통해 변신을 시도한다. 박중훈이 강수연의 서울 집에서 외도를 시도하다 미수에 그치는 대목이 인상적이다. 임 감독의 해설에 따르면 외도는 일상의 삶 속에서 떠올랐다 잠겼다 하는 충동 같은 것이다. 임 감독은 "두 남녀가 사랑의 행위를 하려다가 그만두었든, 다음에 만나 완성했든, 그것을 문제 삼는 영화는 아니다"며 "정신 생활과 육신의 삶에서 남녀의 충동이 큰 비중으로 확대되는 것을 경계했다"고 부연했다. 이런 여백의 철학, 절제와 느림의 미학이 화끈한 눈요기에 익숙한 관객에게 얼마나 친숙하게 다가설지는 모르겠다.

임 감독의 둘째 아들 권현상(20세, 단국대 연극영화과)이 한지 장인의 아들 역을 맡았다. 오토바이를 타고 다니며 '졸라'를 입에 달고 사는 청년이다. 영화 〈고사 두 번째 이야기: 교생실습〉(2010)을 통해 본격적으로 얼굴이 알려졌다. 시사회장에서 임 감독 부인의 소개로 그를 처음 보았는데 어머니를 닮아 이목구비가 수려하고 연기력이 돋보여 큰 배우로 성장할 끼를 지니고 있다. 십대 소녀들이 '꺅' 소리를 지르며 몰려들 타입이다.

한국 영화 대를 잇는 영화 가족

이 영화에는 '숨은 그림 찾기' 하는 재미가 있다. 임 감독의 부인 채령 씨는 MBC 탤런트 3기 공채 출신으로 임 감독의 〈요검〉(1971)으로 데뷔했다. 채 씨는 전주 촬영 현장에서 배역을 찾던 남편의 부탁으로 지공예공방 주인으로 잠깐 영화에 출연했다. 주요 투자자인 송하진 전주시장과 장제국 동서대 총장도 영화에 단역으로 나온다. 부산의 동서대는 임권택영화예술대학을 2008년 설립해 임 감독을 석좌교수로 초빙했다.

75세의 노장 감독이 45세 동갑내기 남녀 주연 배우와 함께 극적 요소에 의존하지 않는 극영화를 만들었다. 새로운 시도가 자기만족에 그칠지, 공감대가 넓은 대리만족을 끌어낼지는 변덕스러운 관객이 결정할 몫이다.

채널A 〈황호택의 눈을 떠요〉

출연 **강부자** 연기자 | 2013. 2. 7

텔레비전에는 인구 수에 비해 젊은 연예인들이 너무 많이 나옵니다. 신문 방송학 용어로는 과다過多 대표된다고 하죠. 강부자 선생님이 오래오래 건강하게 사셔서 팔순, 구순에도 좋은 연기를 통해 동년배 분들에게 희망을 심어 주시기 바랍니다.

_ 클로징 멘트

출연 **윤형주** 가수 **임진모** 대중 음악 평론가 | 2013. 1. 25

이번 대선에서 세대 간에 정치 의식이 크게 달랐다고 하지만 대중 가요를 놓고서도 세대 차이가 확연합니다. 할아버지, 할머니 세대는 이미자나 배호 노래를 들으며 청년기를 보냈고 50대, 60대는 세시봉 세대입니다. 나이 든 세대도 싸이나 아이유를 이해하고 젊은 세대도 윤형주나 송창식을 알아야 세대 간 소통이 이루어질 것 같습니다.

_ 클로징 멘트

출연 **김영주** 토지문학관 이사장 **허문명** 〈동아일보〉 오피니언 팀장 | 2013. 1. 18

"〈동아일보〉에 보관된 (박경리 선생의) 30대 내지 20대 후반 사진을 본 적이 있어요. 흑백 사진인데 정말 대단한 미인입니다. 문학적 표현을 빌리면 숨이 멎을 정도로.

《토지》에 서희를 박 선생님이 굉장한 미인으로 묘사하잖아요. 혹시 본인의 자화상 아닌지 모르겠어요?"

_ 김영주 토지문학관 이사장과의 대담 중

소설가 박경리 선생에게는 두 딸이 있습니다. 하나는 김영주 토지문화관 관장이고, 또 다른 딸은 200자 원고지 3만 1200장에 26년 동안 혼신을 기울여 집필한 국민 문학 《토지》입니다. 김 관장은 박경리 문학상을 한국 문학만의 상이 아니라 세계적인 작가들이 받고 싶어 하는 상으로 만들어 가고 있습니다.

_ 클로징 멘트

2

베이비부머가 만든
박근혜 시대

일인독주의 참변, 박 당선인에겐 '쓴 약'

2013. 1. 31

박근혜 대통령 당선인 주변에서는 김용준 국무총리 후보자의 인선이 발표된 직후 '1타打5매枚'라는 '고스톱 해설'이 나왔다. 김 후보자 한 명으로 다섯 가지를 한꺼번에 얻었다는 뜻이다. 첫째, 김 후보자가 장애인이어서 우리 사회의 소외 집단을 대표한다. 둘째, 부친의 고향이 충남 부여이니 대선 때 밀어준 충청인들이 반가워할 것이다. 셋째, 총리가 고령이어서 대선 때 높은 투표율과 지지율을 보여 준 노장층을 배려하는 의미가 있다. 넷째, 선거대책위원회와 인수위원회에서 고생한 사람들에 대한 보답이다. 다섯째, 헌법재판소장과 대법관을 지내 법질서의 표상이 될 수 있다. 이러한 해설성 자화자찬自畵自讚은 언론의 검증이 시작되면서 악몽으로 바뀌었다.

한 법조인은 채널A 생방송에 출연해 김 후보자가 법조계에선 "공사다망公私多忙한 사람"이라는 평판이 나 있었다고 전했다. 과거에는 부장판사와 배석판사 2명이 한방을 쓰는 바람에 셋이서는 전화 통화 내용까지 들을 수 있었다. 김 후보자 가족이 보유한 토지의 긴 목록으로 보건대 이 땅들을 둘러보고 사들이고 관리하고 되팔자면 사적으로도 바쁠 수밖에 없었을 것이다. 김 후보자와 함께 땅을 보러 안성에 간 적이 있다는 법원 서기의 증언도 나왔다. 검증 과정에서 법조계의 평판을 들어봤더라면 이런 이야기들을 쉽게 접할 수 있었을 것이다.

두 아들이 체중 미달과 통풍으로 병역을 면제받은 사실이나 부동산 거래 목록은 공부公簿만 들춰보면 금방 알 수 있는 일이다. 심지어 김 후보자가 대법관과 헌법재판소장을 했으니 인사청문회를 거쳤다고 착각했을 것이라는 이야기도 나온다. 사전事前 검증이 제대로 이루어지지 않은 것이다.

고위층 자녀의 병역은 국민이 가장 민감하게 지켜보는 사안이다. 체중 미달은 덜 먹어서 나타나는 현상이고 통풍은 너무 잘 먹어 생기는 병이다. 한 집안에서 형제가 상반된 이유로 군대를 가지 않은 것이 흥미롭다. 김 후보자도 통풍 환자다. 재판하는 날 통풍 발작으로 불편한 다리에다 극심한 통증이 겹쳐 법원 직원의 등에 업혀 법정에 들어간 적도 있다. 통풍은 대개 40대 이후의 비만한 사람에게 잘 걸리는 병이다. 이 병은 직접 유전되지 않지만 둘째 아들은 부친을 통해 이 병에 관한 정보를 잘 알

수 있었을 것이다.

김 후보자는 역량과 건강 측면에서도 따져볼 구석이 많았다. 그는 19세 때 고등고시 사법과에 합격해 22세 때부터 평생 법관으로만 살았다. 행정 경험이 없어 직접 각 부의 업무를 조정하고 통할하는 능력은 미지수다. 그는 고령(75세)에 거동이 불편해 김대중 전 대통령처럼 현장 방문이 원활하지 않을 수 있다. 청력이 약해 보청기를 끼고 있어 국회 답변이나 국무회의 주재도 걱정스러웠다. 차기 정부의 첫 총리로 지명된 뒤 기자회견에서 질문을 잘 알아듣지 못할 때마다 배석한 조윤선 당선인 대변인이 단상에 올라가 부연 설명했다.

결정적 시기에 직언直言할 사람이 없다는 것도 박 당선인이 시급히 보완해야 할 점이다. 측근들은 모두 선거가 끝나기 무섭게 휴대전화를 끄고 잠수潛水 타기에 바빴다. 박 당선인의 일인독주一人獨走 인사에 한마디 잘못 끼어들었다가는 '촉새'로 찍혀 눈 밖에 날 것이라는 두려움을 갖고 있기 때문일 것이다.

박 당선인이 내놓은 정부 조직 개편안이나 인사 스타일을 보면 아버지와 닮은 대목이 많다. 박정희를 알면 박근혜가 보인다는 말이다. 경호실장을 장관급으로 격상한다든가 경제부총리의 부활도 그렇지만 국무총리 인선에서 그런 점이 두드러진다. 박 대통령의 사전辭典에 국무총리와 권력을 나누는 제도는 있을 수 없었다. 명목상으로나 실질적으로나 2인자를 허용하지 않는 것이 박 대통령의 통치 방식이었다. 박 당선인도 결국 2인자로 크지 않을 '상징 총리'나 '의전 총리'에 집착해 널리 의견을 구하지 않거나 검증을 소홀히 여겼을 수도 있다.

박 당선인이 퍼스트레이디 대행 역할을 하며 본격적으로 아버지의 정치를 배운 것은 유신 시대였다. 박 대통령이 집권 초기에는 널리 의견을 들었지만 유신 이후에는 달라졌다. 그 시절에는 박 대통령의 결심이 서면 중앙정보부라는 무소불위의 권력기관이 골치 아픈 일은 척척 정리해 버렸다. 국회와 언론도 침묵했다. 박 당선인이 아버지의 정치에서 부정적인 것은 버리고, 배울 것을 취한다면 국정 운영의 효율성을 높이는 데 도움이 될 것이다. 그러나 박 당선인의 인선 방식은 때로 아버지보다 더 폐쇄적인 것 같아 걱정이다. 박 당선인이 인수위에서 "제가 약속하면 여러분이 지켜야"라고 한 발언도 설득과 소통의 리더십이라고 볼 수 없다.

당선인이 너무 보안에 신경을 쓰는 나머지 좋은 사람을 고른다는 인사의 본질마저 흐려지고 있다. 요즘 박 당선인의 표정과 눈매가 후보 때와는 다르다는 말이 나온다. 사람 고르기가 정말 어렵고, 어렵게 골라놓아도 예상치 못한 일이 터지기 때문에 마음이 무거울 것이다. 김 후보자의 낙마가 쓴 약이 된다면 나라를 위해 그나마 다행이다.

50대의 90% 투표율은 양날의 칼이다

2013. 1. 3

6·25 전쟁의 포연이 가시고 군에 갔던 사내들이 가정에 돌아와 자녀를 낳기 시작하자 3년 동안 감소했던 신생아 수가 급격히 불어났다. 1955년생(58세)부터 1963년생(50세)까지의 인구는 총 714만 명으로 19세 이상 유권자의 18%에 가깝다. 방송 3사의 출구 조사에 따르면 베이비부머가 주류인 50대가 이번 대선에서 89.9%의 경이적인 투표율을 기록했다. 50대의 62.5%가 박근혜 후보를 지지하는 바람에 박 후보는 20대와 30대, 40대에서 지고서도 여유 있게 승리했다. 유권자 수가 많고 적극적으로 투표에 참여한 50대의 상당수가 박 당선인에게 표를 던진 것이 결정적인 승인勝因이었다.

지금의 베이비부머는 급격한 인구 증가로 고비 고비마다 사회 변화를 불렀다. 초등학교 시절에는 학령學齡 아동이 갑자기 증가하면서 오전반, 오후반으로 나누어 2부제 수업을 했다. 중학교 무시험 진학, 고교 평준화, 대학 졸업정원제 같은 새로운 제도도 베이비부머 학령 인구의 증가와 연관성이 깊다. 베이비부머들이 결혼해 가정을 꾸리면서 아파트가 보편적 주거 수단으로 자리 잡았다. 이들이 40대가 돼 자녀에게 공부방을 만들어 주기 시작하면서 중대형 아파트가 인기를 끌었다.

1970년대에 대학을 다닌 베이비부머들은 유신 독재의 피해자다. 3월에 개학해 수강 신청을 마치고 교과서 진도를 40~50페이지 정도 나갈 무렵이면 4·19가 다가오고 유신 반대 데모가 터졌다. 교정에 페퍼포그가 깔리면 눈을 뜰 수가 없었다. 어느 해 5월에는 탱크가 교문을 가로막고 집총한 군인들이 등교를 막았다. 그렇지만 1970년대 대학 진학률은 10%를 넘지 못했고 유신 반대 데모도 서울 소재 대학에서만 볼 수 있는 행사였다.

대학에 들어가지 못한 베이비부머는 초중고교 졸업 후 취업을 하거나 중동 열사熱沙의 현장에서 구슬땀을 흘렸다. 이들은 박정희 대통령에게 별로 유감이 없다. 보릿고개를 없애고 경제 성장의 씨앗을 뿌린 대통령이라는 의식이 강하다.

대학에 다니며 유신정권이 쏘는 페퍼포그에 눈물을 흘렸던 혜택 받은 베이비부머들도 나이가 들면서 박 대통령의 장기 집권과 독재는 여전히 불쾌한 추억이지만 경제 성장의 토대를 마련한 지도자라는 인식이 생겼다. 특히 1970년대 학번들은 노무현 정권 창출의 일등공신이 된 386(지금의 486, 1960년대에 태어나 1980년대에 대학을 다닌 40대)에 피해 의식을 갖고 있다. 575(1950년대에 태어나 1970년대에 대학을 다닌 50대)들은 바로 밑의 후배들이 정치적인 지위를 다 차지하고 선배를 몰라보며 '4가지'가 없다는 보편적 인식을 갖고 있다.

이번 대선에서 나타났듯이 민주주의 국가에서 수가 많으면 강력한 정치적인 힘을 갖게 된다. 지금의 50대들이 60대, 70대가 되고 나면 어떤 정당이든 이번 대선의 민주당처럼 2030들을 향한 추파만 던지다가는 만년 야당을 할 수밖에 없을 것이다. 그러나 미래 세대에 투자하지 않고 노인 복지 예산만 늘리는 것은 국가 발전을 위해 바람직하지 않다. 이 대목에서 베이비부머의 자제가 필요하다.

한국 경제가 선진국으로 진입하는 과정에서 575세대의 상당수는 부동산과 주식으로 돈을 벌었다. 평택대 김용희 교수는 "대학생의 상당수는 5060들이 2030을 값싼 노동력으로만 생각하고 그들의 부를 불리기 위한 도구로 쓴다는 피해 의식에 사로잡혀 있다"고 진단했다. 5060 기득권 구조의 고착 속에서 젊은 세대가 안철수 현상에 열광했는지도 모르겠다.

베이비부머의 맏형인 50대 중후반은 1997년 외환 위기 때 일찍 직장에서 밀려나기 시작해 자영업에 뛰어든 사람이 많다. 생계가 막연해 국민연금을 가불해 쓰는 이들도 있다. 이들은 젊은 세대 못지않게 소셜 네트워크 서비스(SNS)와 문자 문화에 강하다. 할일이 딱히 없으니 젊은 세대보다 페이스북과 카카오톡을 더 열심히 한다.

50대는 이념형 투표가 아니라 경제적 투표를 했다는 분석도 있다. 민주당은 제주도 강정마을에 몰려가고, 천안함 폭침을 북의 소행인지 아닌지 모르겠다고 우기고, 한미 자유무역협정(FTA) 재협상을 부각했다. 반면에 박근혜 후보는 가계 부채 해소, 중산층 복원, 골목 상권 보호 같은 공약에 스포트라이트를 비췄다. 베이비부머의 곤궁한 민생民生을 도와줄 정책 대안을 제시한 것이다.

정치나 소비 문화도 베이비부머를 무시하다가는 이번 민주당처럼 큰코다칠 것이다. 인구 수도 많은데 추운 날씨에 90%씩 나와서 투표하는 이 세대를 누가 수구 기득권이라고 욕할 것인가. 10년 전에는 노무현을 찍었던 세대들이 이번에는 친노親盧에 등을 돌리고 박근혜를 찍었다. 그러나 박 당선인이 베이비부머의 기대감을 충족시키지 못하고 약속대로 중산층을 복원하는 데 실패한다면 부메랑을 맞을 수 있다. 기대감이 쉽게 분노로 바뀔 수 있다는 점에서 50대의 높은 투표율은 양날의 칼이다.

대하드라마 만들어가는 박근혜

2012. 12. 24

지금으로부터 6년 전 대통령 선거를 앞두고 박근혜 한나라당 경선 후보와 생선초밥 도시락을 함께 먹으며 세 시간 동안 인터뷰를 한 적이 있다(《신동아》, 2007년 1월호 게재). 박 후보가 이제 대통령에 당선됐으니 식사 자리를 겸한 장시간의 단독 인터뷰를 하는 호사를 누리기는 어렵게 됐다.

그 인터뷰에서 내가 동생 지만 씨와 관련해 이런 질문을 했다. "동생이 지금은 결혼해 박 전 대통령 집안의 대를 이을 아들도 낳고 행복하게 살고 있지만 한때 마약에 손대 치료감호소에 드나들고 방황했잖아요. 큰누나로서 안타까웠을 텐데요. 그때 동생을 만나면 어떤 이야기를 했습니까."

박 당선인은 담담하게 답을 이어갔다. "너무 어린 나이에 부모님이 두 분 다 총탄에 돌아가셨으니까, 그 쇼크라는 것이…… 사실 저도 미치지 않고 지금까지 산 게 기적이라고 생각해요. 그 충격과 고통은 정말 겪어 보지 않으면 몰라요. 지만이는 저보다 훨씬 어린 나이에 그렇게 됐으니까 안쓰럽지요……" 강한 자기 절제력이 없었다면 27세 미혼 여성에게 밀어닥친 엄청난 쇼크를 극복하기 어려웠을 것이다.

엄청난 비극을 극복한 자제력

그는 "혹시 좋은 남자가 나타나면 결혼하고 싶은 생각은 없느냐"고 묻자 "어머니가 살아계셨으면 제가 분명히 결혼했겠죠. 지금은 계획이 없습니다"라고 말했다. 박 당선인은 자식도 없고 가족도 없으니 친인척 비리가 없을 것이라는 점을 유세 때 자주 강조했다. 국민 사이에 그런 기대가 있는 것도 사실이다. 박 당선인은 "국가와 결혼했다"는 말을 가끔 했다. 평생을 독신으로 산 영국 여왕 엘리자베스 1세가 한 바 있는 이 말에는 전제주의적 분위기도 어른거린다. 자식이 없는 장관이나 상사를 모셔본 사람들은 "때론 찬바람이 났다"는 경험을 말한다. 세상에 부모 마음대로 되는 자식이 없듯이 상사의 눈에는 100점짜리 부하도 없다. 박 당선인이 청와대에 들어가서는 '얼음 공주'의 이미지를 녹이는 따뜻함과 포용의 리더십을 보여 줘야 한다고 생각한다.

이번 대선에서 박근혜 대통령을 만든 큰 흐름은 지난번 대선에서 530만 표 차로 패하고도 정신을 못 차린 친노親盧들에게 다시 정권을 넘겨줄 수 없다는 5060세대의 분노였다. 그렇지만 안철수 현상에서 보듯이 우리 사회에는 좌에도 우에도 마음을 못 주는 사람이 많다. 박 당선인을 찍었던 보수들 중에도 "돼도 걱정, 안 돼도 걱정"이라고 말을 하는 사람들이 있었다. 글로벌 경제 위기, 북한 김정은 정권의 안보 위협, 52 대 48로 갈린 사회, 갈수록 어려워지는 서민의 삶…… 강력한 야당의 견제 속에서 이런 난제들을 헤쳐 나가기가 쉽지 않을 것이다. "돼도 걱정, 안 돼도 걱정"이라는 말 속에는 불통不通의 이미지를 포함한 박 당선인이 가진 약점에 대한 우려도 담겨 있다.

당선인은 '원칙,' '약속' 같은 말을 강조하지만 이 말을 조금 비틀어서 해석하면 "내가 한 번 말하면 끝"이라고 해석될 여지도 있다. 아버지의 시대에는 대통령이 한번 말하면 끝이었지만 지금은 국민 여론과 국회를 설득하지 못하면 법 하나 통과시킬 수 없는 시대다. 박 당선인이 스트롱맨*strongman* 아버지의 정치를 지켜본 것이 18년이고, 직접 정치의 현장에서 자신의 정치를 편 것은 15년이다. 18년과 15년의 각기 다른 체험이 박 당선인의 5년 동안 어떻게 발효돼 나타날지도 지켜봐야 할 대목이다.

2011년 영국 마거릿 대처Margaret Thatcher 전 총리의 일생이 〈철의 여인*Iron Lady*〉이라는 영화로 제작됐을 때 대처 할머니의 나이는 86세였다. 메릴 스트립이 열연한 이 영화를 보면서 치매에 걸린 황혼의 삶에 대한 묘사가 너무 지루하게 이어진다는 느낌이 들었다. 국가의 위기 시에 강력한 리더십을 발휘한 정치인

대처를 잘 보여 주지 못했다. 너무 잘 알려진 거인巨人의 삶을 극화한다는 것은 그만큼 어려운 작업일지도 모른다.*

찢긴 사회 치유하는 '대통합'으로

대통령의 딸로 성장하다 "미치지 않고 산 게 기적"일 정도의 비극을 겪으며 독신으로 살던 사람이 한국에서 최초로 여성 대통령이 됐다. 세월이 어느 정도 흐르면 박근혜 대통령의 삶을 그린 영화 드라마 연극 뮤지컬이 많이 나올 것이다. 박 당선인만큼 극적인 요소를 두루 갖춘 삶을 산 사람을 찾기도 어렵다. '대하드라마'의 해피엔딩을 위해서라도 박 당선인이 성공한 대통령이 돼야 할 것이다. 뮤지컬 〈명성황후〉를 보고 나면 너무 마음이 짠하다. 할리우드 영화처럼 해피엔딩으로 끝나야 손님이 든다.

박 당선인은 "모든 지역과 성별과 세대의 사람들을 골고루 등용하겠다"며 대탕평 인사를 약속했다. 역대 어느 대통령도 이 말을 하지 않은 사람이 없었지만 청와대에 들어가고 나서는 잊어버렸다. 박 당선인은 51.6%의 대통령으로 남지 말고 나머지 48%까지 끌어안아 진정한 대통합의 대통령이 되기를 바란다.

* 마거릿 대처 전 총리는 2013년 4월 8일 88세의 나이로 생을 마감했다.

5년 뒤에는 새로운 태양이?

2012. 12. 10

조사의 흐름으로 보아 안철수 전 후보가 나서지 않았더라면 박근혜 새누리당 후보의 우세가 굳어져 가는 분위기였다. 안철수는 민주통합당 문재인 후보가 당선되든 떨어지든, 그를 지원하는 것이 정치인으로서 앞길에 도움이 된다는 판단을 했을 것이다. 과연 5년 뒤 안철수에게 재도전의 기회는 찾아올 것인가.

안희정, 송영길, 박원순, 이광재……

DJ(김대중)는 4수 끝에 대통령이 됐고 YS(김영삼)도 1970년 신민당 경선까지 합하면 3수를 거쳐 대통령이 됐다. 그런 셈법이라면 박근혜도 이번이 재수다. 안철수는 나이도 젊고 치명적 약점인 국정 경험 부족을 보완해 5년 뒤에 다시 나설 수도 있을 것이다.

그러나 DJ, YS, 박근혜는 지지 기반이 확고한 정치인이다. 태풍이 불어도 흔들리지 않는 30% 안팎의 지지자들이 있었다. 안철수는 '내 지지율도 꽤 오래 유지됐다'라고 생각할지 모르지만 중도 무당파와 젊은 세대라는 안철수의 지지 기반은 견고해 보이지 않는다.

이른바 386, 지금은 486이나 586이 돼버린 1980년대 학번들은 군사 독재 정권에 항거해 민주화를 이루어낸 주역이다. 이들은 선배 세대들에 대한 존경심이 약하고 기존 질서나 권위에 도전하려는 의식이 강하다. TV 토론에서 독설 쇼를 벌인 이정희도 1980년대 학번이다. 안철수는 1980년대 학번이지만 운동권과는 거리가 멀었다. 사회에 진출해서도 지난해 서울시장 선거 이전까지는 정치색을 거의 드러내지 않았다. 하지만 정치권에 편입되지 않고 홀로서기를 시도했던 것은 결국 기존 질서와 권위에 대한 도전이라고 볼 수 있다. 이런 당돌함이 나이 든 세대에게는 충격이지만 20, 30대 젊은 세대에게는 통했을 것이다.

그러나 모바일로 무장한 젊은 세대는 한 인물에 정주하는 시간이 그만큼 짧다. 정보 기술(IT) 시대의 선두 주자인 한국은 다이너미즘(역동성)과 노마드(유목민)의 기질이 세계 어느 나라보다 두드러지는 나라가 됐다. 정치인으로서 4, 5년 뒤를 기약한다는 것도 그만큼 어렵다. 서울시장 선거를 전후해 안철수가 떴던 것처럼 4, 5년 뒤에 젊은 세대는 새롭게 떠오른 태양을 향해 열광할 것이다. 노무현, 이명박은 대통령에 당선되기 5년 전에는 유력 후보군에 이름을 올리지 못했던 정치인이다. 이명박 당선 후 손학규, 유시민, 정동영이 차기 대선 후보군 여론 조사에 오르내렸지만 유시민, 정동영은 이번에 출사표도 던져 보지 못했다.

양당 체제가 확고하게 굳어진 정치판에서 제3 후보가 나와서 성공한 사례가 없다. 박찬종, 정주영, 문국현은 언제 대통령 후보로 나섰던지 기억도 가물가물하고 이인제와 정몽준은 다른 후보의 당선에 기여했을 뿐이다. 정몽준이나 안철수처럼 한때 지지율 1위를 달리던 후보가 단일화 정치 공학에 매달리게 되는 것도 결국 제3의 후보가 양당 체제로 편입되는 과정이라고 할 수 있다.

안철수, 놓친 칼은 멀어진다

정치에는 정치의 룰이 있다. 정치인은 가장 욕을 많이 먹는 직업이지만 그래도 끼를 갖춘 꾼이라야 성공할 수 있다. 필리핀에서 영화 배우 출신 조지프 에스트라다Joseph Estrada 전 대통령은 수백 편의 영화에 출연한 대중적 인기를 바탕으로 정계에 진출해 1998년 대통령에 취임했으나 부패 정권 타도를 외치는 시위에 휩싸여 3년 만에 쫓겨났다. 한국은 세계 10위권 경제대국이다. 필리핀과는 다르다. 서울시장 선거에서 남의 손을 들어주고, "국회와 국회의원이 하는 일이 뭐 있느냐"며 총선을 건너뛰어 곧바로 대통령에 도전했던 무모함은 하이킹 복장으로 히말라야 등정에 나선 것이나 마찬가지다.

야권만 놓고 보더라도 5년 뒤에는 안희정 충남지사, 송영길 인천시장, 이광재 전 강원지사가 나설 것이고 안철수가 출세시킨 박원순 서울시장도 안철수의 은혜만 생각하고 있을 것 같지는 않다. 김두관 전 경남지사도 PK(부산, 울산, 경남) 지역을 기반으로 재도전을 노린다. '안철수 현상'이 땅에 내려와 안철수 정치로 바뀌면서 현실이 녹록지 않았음은 그의 후보 사퇴가 웅변한다. 문재인의 손을 들어줌으로써 무당파와 중도를 아우르는 인물로서도 빛이 바랬다. 4, 5년 뒤 대통령 후보군에서 안철수를 찾을 수 있을까. 각주구검刻舟求劍 같은 일이 돼버릴지도 모른다. 배는 강물을 따라 흘러가고 물속에 빠뜨린 칼은 점점 멀어져 간다.

그는 문재인과 단일화 토론회 때 수줍어하는 기색을 드러냈다. 정치인으로선 약점이다. 또 사람들의 궁금증이 고조될 때 모습을 드러내지 않는 신비주의 전략과 애매모호한 어법을 즐겨 쓴다. 안철수의 말은 '산은 산이요 물은 물이로다'라는 법어처럼 여러 갈래의 해석이 가능해 매번 대변인이나 다른 사람이 풀이를 해줘야 한다. 국민을 갑갑하게 만드는 언행은 대통령을 꿈꾸는 정치인으로서 예의가 아니다. 안철수가 정치인으로 살아남으려면 먼저 신비주의와 애매모호한 화법부터 버려야 할 것이다.

TV 토론으로 '선두 마차' 따라잡을까

2012. 11. 26

한국에서 대선 후보 TV 토론의 시초는 김대중, 이회창 후보가 대결한 1997년이다. 이전에 대선 후보 캠프가 총력을 기울이던 선거 운동은 대규모 청중 동원 유세였다. 민주화 이후 실시된 1987년, 1992년 선거에서 서울 여의도에 100만 청중을 동원하는 경쟁이 벌어졌다. 버스로 청중을 실어 나르고 식사를 제공하고 일당까지 주자면 천문학적인 비용이 들어갔다.

대규모 청중 동원 유세는 우세를 과시해 밴드 왜건(악대 마차) 효과를 내려는 선거 운동 방식이다. 길거리를 행진하는 서커스단의 악대 마차 뒤를 사람들이 줄지어 따라가는 풍경에서 유래된 말이다. 여의도 100만 청중의 10배, 20배에 이르는 시청자가 대선 후보를 안방에서 비교할 수 있는 TV 토론이 등장하면서

100만 청중 동원 유세는 역사의 유물이 됐다.

문재인, 안철수 후보의 TV 토론은 지상파 시청률이 18.8%였지만 케이블까지 합하면 24.3%가 나왔다. 전체 유권자를 4000만 명으로 잡으면 1000만에 가까운 시청자가 문-안 TV 토론을 지켜봤다는 얘기다. 문 후보의 지지도는 상승세를 타고 있었고 안 후보는 하강하는 추세였다. 이러한 흐름을 되돌릴 수 없는 대세로 만든 것이 TV 토론이었다. 문-안 토론에 대한 전문가들의 평가는 문 후보의 손을 들어줬다. 안 후보는 강의실에서 학생에게 질문을 던져 놓고 답변을 들어 주는 교수 스타일이었다. 문 후보는 파고들고 안 후보는 수줍어했다.

한국선 우세자 편승 효과 강해

한국에서 대통령 선거 운동은 후보들이 민생 현장을 방문해 대화를 나누고 신문 방송이 이를 보도하는 방식이 주류를 이룬다. 캠프의 참모들이 사전에 설정해 놓은 환경에서 후보와 유권자의 만남이 연출된다. 이러한 이벤트를 통해서는 위기 대응 능력을 비롯한 진정한 자질을 파악하기 어렵다. 인터뷰, 광고, 선거 운동 홈페이지도 일방적인 소통 방식이라는 점에서는 마찬가지다. 이에 비해 TV 토론은 후보들이 엄청난 압박감 속에서 상대의 질문에 실시간으로 반응하는 모습을 관찰하는 기회를 제공한다. 시장이나 백화점에서 경쟁 상품을 비교하듯이 후보들의 장단점을 살펴볼 수 있다. 1960년 존 F. 케네디John F. Kennedy와 리

처드 닉슨Richard Nixon의 TV 토론 이래 52년 동안 경험이 축적된 미국에서는 투표일 출구 조사에서 압도적인 다수가 TV 토론이 대선의 소통 방식 가운데 가장 의미 있는 것이라고 응답했다.

TV 토론은 장점이 많은 선거 소통 방식임에는 틀림없지만 그 효과는 제한적이라는 관점도 있다. 시청자들이 TV 토론을 보고 나서 지지 후보를 바꾸기보다는 이미 지지하는 후보에 대한 견해를 강화하는 것으로 조사되고 있다. 시청자들은 좋아하는 후보가 서툴게 대응하거나 실수하는 모습은 무시하고, 반대 후보가 잘못하면 과장해서 보는 경향이 있다. TV 토론이 국가의 현안에 대해 실질적이고 상세한 해결책을 제시하는 방법이라기보다는 토론의 내용이나 형식이 피상적이며 실질보다는 이미지와 스타일을 중요시한다는 비판도 나온다. 국가 통치 능력과는 별로 관련이 없는 꾸며 낸 모습을 잘 보여 주는 후보가 높은 평점을 받는다는 것이다.

한국에서도 TV 토론 효과보다는 유권자들이 우세한 후보 쪽에 편승하는 밴드 왜건 효과가 더 크다는 분석이 있다. 공식 선거 운동에 돌입하고 나서 일정 기간 후 한 후보가 여론 조사에서 우세한 흐름을 형성하면 최종 대선 결과에서 한 번도 뒤집어지지 않았다. TV 토론이 판세를 결정적으로 바꿔 놓지는 못했다는 것이다. 하지만 앞서 가던 후보의 토론 실력이 나았거나, 뒤지던 후보의 토론 실력이 우월하지 못했다는 논리도 성립할 수 있다. 2007년 이명박–정동영 후보의 대결처럼 530만 표 차가 나는 선거에서는 TV 토론이 반전의 계기가 되기 어렵지만 오차 범위 내에서 다투는 박빙의 선거가 벌어지면 1, 2위가 뒤바뀔 가능성이 얼마든지 있다고 여론 조사 전문가들은 말한다. 버락 오바마Barack Obama 미국 대통령은 1차 TV 토론에서 밋 롬니Mitt Romney 공화당 후보에게 패배하는 바람에 역전의 위기를 맞았다. 그가 2, 3차 토론에서 이를 복구하지 못했더라면 대선에서 다른 결과가 나왔을지도 알 수 없다.

TV 토론이 박빙 판세 바꿀 수도

야권 후보의 단일화 과정이 다른 모든 이슈를 빨아들이는 블랙홀 노릇을 하면서 지금까지 토론 부재의 선거 운동이 벌어졌다. 이제 대선은 박근혜, 문재인 후보의 대결로 압축됐다. 두 후보의 TV 토론이 12월 4, 10, 16일 열린다. 관계 법규 때문에 두 후보만의 맞짱 토론이 이루어지지 않는 것은 아쉬움으로 남지만 박-문 후보를 한 자리에서 비교 품평할 수 있는 세 차례의 TV 토론을 매번 1000만 명 이상의 시청자가 지켜보게 된다. 유권자들은 국내외의 험난한 정치 환경 속에서 누가 5년 동안 이 나라를 이끌고 갈 적임자일지 성적표를 매길 수 있을 것이다.

깜깜이 경선과
졸속 대선

2012. 11. 12

박근혜 새누리당 대선 후보와 겨룰 야권 후보는 누구일까. 자칭 타칭 정치 평론가들에게 물어봐도 답이 엇갈린다. 미국에서도 대선을 정확하게 예측하는 것은 정치 평론가, 정치부 기자, 정치학자가 아니라 통계 전문가다. 정치 현안에 대한 인간의 판단에는 진보 또는 보수의 이념적 편향이 끼어들기 쉽다. 현실 세계에서 100% 순도의 객관성으로 소란스러운 데이터를 분석해 신호를 찾아내고 깔끔한 서술을 만들어 내기는 무척 어렵다.

야구 및 선거 통계 전문가 네이트 실버Nate Silver는 야구 승률을 계산하듯이 선거를 분석해 미국 대선 결과를 족집게처럼 맞혔다. 그는 메이저리그 야구 선수들의 데이터를 컴퓨터로 분석해 성적을 예측하는 시스템을 개발한 사람이다. 정치 쪽으로

영역을 확장한 것은 2008년 미국 대선부터인데, 2008년 선거에서는 50개 주 가운데 49개 주의 승자를 맞혔고 이번 대선에선 한 주도 틀리지 않았다. 그는 웹사이트에서 민주당과 공화당이 경합하는 일리노이 주에 살고 있지만 대부분 선거에서 민주당 후보에게 투표했고 버락 오바마 대통령의 지지자라고 밝혔다. 이 바람에 공화당 지지자들은 그의 예측이 편향적이라고 비난을 퍼부었다. 그럼에도 그의 예측이 정확하게 들어맞은 것은 컴퓨터로 과학적인 예측 모형을 개발해 데이터를 집어넣음으로써 진보나 보수의 관점이 끼어들 여지를 없앴기 때문이다.

단일화 승패 가를 4대 변수는?

여론 조사는 과학이라고 흔히 말하지만 조사 회사 선정, 표본 설계, 조사 방법, 데이터 입력 과정에서 얼마든지 왜곡과 조작이 가능하다. 여론 조사 전문가들은 10년 전보다 상황이 더 나빠졌다고 말한다. 지금은 대부분 휴대전화를 쓰기 때문에 집에서 전화를 받을 경우 가족이 대신 받을 수도 있다. 2002년처럼 박근혜 새누리당 후보 지지자라고 응답한 사람을 배제하더라도 단일화 여론 조사가 언제 진행될지 사전에 알려져 있어 역逆선택을 완벽하게 차단하기 어렵다. 문재인, 안철수 후보의 지지율이 오차 범위 내에서 오락가락하면 로또나 제비뽑기로 야권 단일 후보를 정하는 것과 크게 다르지 않다. 예측 도구인 여론 조사가 후보 결정 도구로 쓰이다 보면 이런 민의民意 왜곡이 생길 수밖에 없다.

문재인, 안철수 후보가 단일화 시한으로 정한 후보 등록일(25, 26일)까지는 대선의 모든 이슈가 단일화에 빨려들어갈 분위기다. 박근혜 새누리당 후보와 대결할 후보가 그때 가서야 확정되기 때문에 이후 25일 남짓한 기간 두 후보가 토론을 벌이고 상호 검증을 하고 유권자들이 정책과 자질을 비교하기에는 시간이 충분하지 않다. 깜깜이 경선이 졸속 대선을 만들고 있는 것이다. 결선 투표제를 만들거나 후보 등록 시한을 대선 4개월 전으로 못 박는 식으로 제도를 개선하지 않는 한 5년마다 2, 3위 후보 간에 '단일화 빅 쇼'가 되풀이될 공산이 크다.

지금까지 여론 조사에선 안 후보가 대체로 앞섰지만 최근에는 문 후보가 올라오는 기류다. 10년 전 정몽준 후보 측의 여론 조사 전략을 총괄했던 김행 씨(현 위키트리 부회장)는 "정 후보도 직전까지 여론 조사에서 우위였지만 정작 단일화 여론 조사에선 못 이겼다"며 "이번에도 문재인이 이길 가능성이 크다고 본다"고 말했다.

반면에 야권 지지자들이 경쟁력이 높은 후보를 선호할 것이라는 전제 아래 "박 대 안이면 안이 이기고, 박 대 문이면 박이 이길 것"이라며 안 후보의 경쟁력을 높게 평가하는 전문가들도 있다. 새누리당이 중도와 무당파 유권자들을 파고들면서 야권 후보를 왼쪽으로 밀어붙이려면 문 후보와 상대하는 게 유리할 것이라는 분석이다.

2주 후면 당선자 예측 가능

단일화의 승패를 결정지을 4대 변수는 ① 경선 및 여론 조사의 방식, ② TV 토론, ③ 호남의 선택, ④ 새누리당의 검증이다. 단일화 여론 조사 직전에 두 후보가 벌일 TV 토론은 부동층에 상당한 영향을 미칠 것이다. 2002년 대선에서도 단일화 여론 조사를 앞두고 한 차례 TV 토론이 허용됐다. 두세 차례 토론 기회를 주는 것은 박 후보에게 공평하지 않다. 호남의 선택이 중요한 것은 야권 지지자의 대종을 이루기 때문이다. 호남에 거주하는 유권자는 10.3%이지만 호남 출신으로 수도권에 거주하는 인구는 수도권 유권자의 20~25%에 이른다. 새누리당이 야권 단일화 경선 과정에서 본선에서 맞붙으면 버거울 상대에게 검증 공세를 집중할 가능성이 있다. 그러나 누가 만만한 상대일지 자신있게 찍기가 쉽지 않고 검증 작전이 정교하지 못하면 역풍을 맞을 수도 있다.

대통령 선거는 전국이 단일 선거구여서 어느 나라나 여론 조사 예측의 정확도가 높다. 여러 차례 대선 사례를 보더라도 후보 구도가 확정되고 나서 후보 등록 시점의 여론 조사가 그대로 대선 결과로 이어졌다. 그러고 보면 누가 차기 대통령이 될지 알 수 있는 시간이 2주 앞으로 다가왔다.

'단일화 필승론' 탄탄대로인가

2012. 10. 29

이번 대선에선 야권 후보 단일화가 최대 변수가 될 것으로 보이지만 여론 조사만으로는 누가 단일 후보가 될지 예측하기 어렵다. 대선 후보 3자 대결 여론 조사에서 문재인 민주당 후보는 안철수 무소속 후보에게 밀린다. 하지만 '누구로 단일화할 것이라고 보느냐'는 설문에는 문-안 후보 사이를 오락가락 하는 응답이 많다. 초반에는 안 후보가 젊어서 차기를 바라볼 수 있고 국정 경험이 부족하니 시간이 가면 문 후보가 강세를 보일 것이라는 관측이 앞섰다. 10월 하순으로 접어들면서는 오히려 문 후보가 3위로 고착돼 가는 양상이다.

야권 후보 단일화를 전제로 한 양자 대결에서 박근혜 새누리당 후보 대 안 후보는 대체로 안 후보의 우세로 나오는데, 박 후보 대 문 후보로 가면 문 후보의 열세다. 문 후보로 단일화할 때는 안 후보 지지층에서 10~20%가 이탈하는 것으로 분석된다. 안 후보로 단일화할 때는 이탈률이 줄어든다. 그러나 김형준 명지대 교수는 "정권 교체를 기대하는 여론 조사 지수가 높게 나오기 때문에 지금 열세인 문 후보 쪽으로 단일화하더라도 어느 정도 상승 효과가 있을 것"이라고 내다봤다.

문-안 후보의 지지율 차에도 불구하고 단일화의 승패는 방식에 따라 얼마든지 달라질 수 있다. 100% 여론 조사 방식으로 단일화를 하면 안 후보가 유리하다. 민주당 경선 때처럼 모바일 선거인단과 여론 조사 방식을 섞는다면 모바일 조직을 동원해 본 문 후보가 유리할 것이다. 여론 조사 방식도 설문 내용이 야권 후보의 적합성을 강조하느냐, 박근혜 후보와 상대했을 때의 경쟁력을 중시하느냐에 따라 달라질 수 있다.

방법 따라 후보 달라질 가능성

단일화가 이루어지지 않는다면 박 후보의 승리라는 데 이의를 제기하는 사람은 거의 없다. 3자 대결 구도에서는 박 후보의 지지율이 40% 안팎을 오르내리며 문-안 후보를 앞서는 구도가 거의 바뀌지 않았다. 3자 대결 시에는 노태우 36.6%, 김영삼 28%, 김대중 27%를 기록했던 1987년 대선의 재판이 될 것이라는 관측이 나온다. 3자 대결 시 박 후보 필승론은 거꾸로 문-안 후보에게 압박 요인이기도 하다.

과연 단일화는 이뤄질 것인가. 안 후보는 작년 9월 〈오마이뉴스〉와의 인터뷰에서 "역사의 물결을 거스르는 현 집권 세력(한나라당)이 한국에서 그 어떤 정치적 확장성을 가지는 것에 반대한다"고 말했다. 그는 대담집 《안철수의 생각》에서도 같은 기조를 유지했다. 문 후보는 경선 초반부터 공동 정부론을 들고 나왔고 대선 후보로 확정되고 나서도 다시 이를 확인했다. 손학규 전 의원이 민주당 후보가 됐더라면 3자 구도라도 끝까지 가는 상황을 상정해 볼 수 있지만 문 후보는 단일화에 매달릴 것이라는 짐작이 유력하다.

단일화 필승론에도 함정은 있다. 2002년 노무현–정몽준 후보 단일화 때도 정 후보의 표 20~30%가 이회창 후보 쪽으로 갔다고 한다. 양자 대결 시 박–안 후보의 지지율도 오차 범위(5~6%) 안에 있다. 이번 대선은 전에 비해 50대, 60대의 인구가 늘었고 20대, 30대의 인구가 줄었다. 더욱이 젊은 세대는 투표율이 낮다. 동아시아연구원 여론분석센터 정한울 부소장은 "캐스팅보트를 쥔 40대를 박 후보와 야권 단일 후보가 절반씩 나눠 갖는다면 박 후보가 유리하다"고 말했다.

여의도연구소 신동철 부소장은 "박 후보의 지지율은 다소 출렁거리다가도 곧바로 회복된다. 안철수도 상승 국면이 멈췄다"고 분석했다. 그는 "새누리당은 단일화를 전제로 전략을 세우겠지만 양김 씨의 분열을 보더라도 단일화가 쉽지만은 않다"고 전망했다. 2002년 단일화 때는 김대중 대통령이 막후에서 실질적인 코디네이터 역할을 해 성사됐다는 회고담도 있다. 하지만 문－안 후보를 조정할 수 있는 제3의 인물이 현재로선 야권에 보이지 않는다. 단일화 과정에서 국민에게 감동을 주는 장면을 연출하지 못하면 시너지가 생기지 않고 이탈 표가 늘어날 수도 있다.

감동 못 주면 시너지 안 생긴다

DJP(김대중－김종필)는 호남 충청 지역 연합의 성격이 강했지만 문－안 후보는 같은 PK(부산－경남)여서 지역 연합의 시너지 효과를 내기 어렵다. 새누리당과 선진통일당의 통합이 이뤄지면서 문－안 공동 정부에서 소외감을 느낄 충청 지역의 향배가 관심거리다. 물론 야권의 두 후보 모두 PK여서 영남표가 분할된다는 점이 박 후보에겐 불리하다. 2002년 선거 때 노무현 후보는 PK 지역에서 29.4%를 득표했는데, 현재 문－안 후보는 지지율이 40%가량 나온다.

여야 간에 박정희, 노무현 전 대통령의 대결로 계속 치닫는다면 과거사 문제로 걸리적거릴 것이 없는 안 후보가 어부지리를 취할 가능성이 있다. 그러나 국정 운영 능력을 불안하게 보는 국민이 많은 것이 안 후보에겐 최대 약점이다.

박근혜가 올라야 할 '산 넘어 산'

2011. 7. 18

한나라당이 요즘 분위기로 흘러간다면 차기 대통령 후보 선출을 위한 경선은 싱거워질 것으로 전망된다. "박근혜 전 대표가 방해만 없다면 한나라당 대선 후보가 되는 게 확실하다"는 홍준표 대표의 말은 중립적이어야 할 경선 관리자로서 부적절한 발언이긴 하지만 박근혜 대세론이 굳히기 단계에 들어갔음을 누구도 부인하기 어렵다.

이명박(MB) 대통령 집권 후 은인자중하던 친박의 굴기가 원내대표 경선과 전당대회를 치르며 두드러졌다. 친이 중에는 친박에서 불러준다면 언제라도 달려갈 마음의 준비가 돼 있는 사람이 수두룩하다. 내년 4·11 총선이 다가올수록 박 전 대표의 지원을 받으려는 사람들이 줄을 설 것이다. 그러나 4·11 총선은 박 전 대표에게 전면에 나서기도 흔쾌하지 않고, 안 나설 수도 없는 진퇴양난의 선거다. 총선 결과가 나쁘게 나오면 '박 전 대표로는 안 된다'는 논의에 불을 댕길 수 있고, 어렵게 대통령이 되더라도 여소야대의 험난한 가시밭길을 걸어야 한다.

박 전 대표와 대척점에 있는 이재오 특임장관은 여름이 끝날 무렵 당에 복귀하겠다는 결심을 굳히고 있다. 그는 백의종군하면서 사분오열된 친이를 추슬러 '친서민'과 '반부패'를 내걸고 총선 이후 사활을 건 게임을 벌일 구상이라고 한다. 대선 후보가 여의치 않을 경우 박 전 대표의 대안을 모색하는 중심축을 맡아 경선을 달구는 역할을 시도할 것이다.

"가장 넘기 어려운 산은 바로 자신"

한나라당은 경선이 쉬우면 본선이 어려운 징크스가 있다. 이회창 후보는 두 차례 경선에서 압도적으로 이겼지만 두 번 다 패했다. MB는 대의원 투표에서 지고 여론 조사에서 이겨 간신히 후보가 됐으나 본선에서는 압승했다. 박 전 대표가 너무 쉽게 후보가 되고 야당은 치열한 경선과 단일화 이벤트로 손님을 끌면 2002년 노무현 대 이회창의 대선 구도 같은 악몽이 재연될 수도 있다.

박 전 대표가 넘어야 할 첫 번째 산이 4·11 총선이라면 PK 지역의 심상치 않은 정서와 김영삼(YS) 전 대통령도 또 다른 산이다. YS는 반기문 유엔 사무총장을 내심 대권 후보로 점찍었던 모양이다. 반 총장은 YS 밑에서 외교안보수석을 하면서 황장엽 망명을 깔끔하게 처리해 칭찬을 들었다. 8월 초순 서울역에서 거행될 강우규 의사 동상제막식에 반 총장을 참석시켜 스포트라이트를 받게 하려고 YS와 가까운 현 정부 유력 인사가 움직였다. 친박 쪽에서도 유엔 사무총장 경력에 충청도가 고향인 주자가 나선다면 만만찮은 상대가 될 수밖에 없어 걱정이 컸다. 반 총장의 연임으로 YS는 카드를 접었지만 꾸준히 박 전 대표의 대항마를 물색할 것이라는 전언이 흘러나온다.

"박근혜의 대권 가도에서 가장 높은 산은 바로 박근혜"라는 말도 있다. 박 전 대표는 6월 7일 동생인 박지만 씨와 신삼길 삼화저축은행 명예회장의 관계에 대한 야당의 의혹 제기에 "본인이 확실하게 말했으니 그걸로 끝난 것"이라고 일축했다. 박 전 대표의 단문형短文型 코멘트가 크게 성공한 사례는 2006년 지방 선거 유세 중 테러를 당했을 때의 '대전은요?'일 것이다. 그러나 사안이 복잡할 때는 '설명이 짧은 정치'를 갑갑해하는 국민도 많다. 박지만 씨의 부인 서향희 변호사는 삼화저축은행 고문 변호사를 지냈다. 서 변호사는 대전고검장을 지낸 이건개 변호사와 함께 법무법인 주원의 공동 대표로 있으면서 구설에 오르자 지난해 그만둔 후 몇몇 기업의 자문을 맡았다. 박 전 대표에게 비집고 들어갈 틈이 없으니까 '보험 들려는' 사람들이 가족 주변을 파고들 수도 있다.

'한강의 기적'을 이룬 박정희 대통령에게 향수를 품은 세대가 하루가 다르게 줄고 있는 것도 박 전 대표로서는 아쉬운 점일 것이다. 20, 30, 40대 중에는 한국의 경제 성장이 갑자기 하늘에서 떨어진 줄 아는 사람이 많다. 박 전 대표가 세종시 원안 지지로 충청도 표심을 사로잡는 데는 어느 정도 성공했지만 수도권에서는 이탈도 있었다. 수도권의 지식인이나 중산층 가운데는 박 전 대표가 포퓰리즘 열풍에 침묵하는 것에 비판적인 사람이 적지 않다.

야권 단일화하면 승패는 안갯속으로

내년 총선과 대선에서 처음 등장하는 재외국민 투표도 복병이다. 240만 재외국민 유권자의 투표율은 높지 않겠지만 15대 대통령 선거(김대중 대 이회창)의 39만 표 차 정도는 뒤집을 수도 있다. 북한 돌발 변수, 개인 검증, 경제 상황도 선거 막판에 어떻게 작용할지 가늠하기 어렵다. 친박 캠프의 한 인사는 "산 넘어 산"이라고 말했다. 야당은 어떤 수를 쓰든 단일 후보를 내놓을 것이다. 박 전 대표와 야당 단일 후보와의 대결은 2007년처럼 산사태 같은 승패로 끝나기보다는 51 대 49 혹은 49 대 51의 혼전이 될 가능성이 있다. 박 전 대표를 기다리는 마지막 큰 산이다.

MB 청와대의 낙조

2013. 2. 14

지난주 청와대에서 열린 대통령 직속 기구의 고별 만찬에 참석했다. 나는 평소 이래저래 바쁘다는 이유로 출석률이 낮은 편이었지만 그 기구의 마지막 행사여서 만사를 제쳐놓고 나갔다. 참석 대상자 40여 명 중에 절반가량이 얼굴을 비쳤다. 박근혜 대통령 당선인이 소집한 회의였다면 출석률이 100%에 육박했을 것이다. 5년마다 나타나는 권력의 낙조落照가 청와대 용마루를 물들이고 있었다. 이명박 대통령(MB)도 결국 임기 말에 측근 비리로부터 자유롭지 못했다. MB의 집권 기간 내치의 혼선은 상당 부분 친형인 이상득 전 의원과 관련이 깊다. 박 당선인의 반대 속에 강행한 마지막 '셀프 사면'도 여론이 나빴다.

MB는 이날 모임의 마무리 발언에서 4대강 사업에 끝까지 반대하던 가톨릭 주교에게 예를 갖추어 국토해양부 장관을 보냈던 이야기를 했다. 그러나 주교가 설명을 듣지 않겠다고 하는 바람에 장관은 헛걸음을 했다. MB는 "낯선 사람의 고해도 들어주면서 국책사업의 진행 상황에 대한 설명을 안 들어주는 신부가 이해가 가지 않았다"고 서운함을 토로했다. 그러고 고해 성사와 관련한 농담을 했으나 아무도 웃지 않았다.

최근에는 감사원도 4대강 사업의 뒤통수를 쳤다. 감사원은 4대강의 16개 보 가운데 15개에 크고 작은 문제가 있다는 감사 보고서를 내놓았다. 국토부와 감사원이 적용한 기준이 달라서 다툼의 여지가 있었다. 감사원은 감사 보고서에는 '미흡'이나 '부적절'이라고 지적해 놓고 보도 자료에는 '부실'이라는 표현으로 강도를 높였다. 일부 언론은 이를 '총체적 부실'로 규정했다.

청와대가 서운해하는 것은 발표 시점이다. 태국 정부가 추진하는 12조 원 규모의 통합 물관리 사업 국제 입찰을 목전에 두고 감사원 발표가 나왔다. 2011년 대규모 홍수 피해를 겪은 태국이 25개 주요 강의 물 관리 통합 시스템을 구축하는 사업이다. 한국은 10개 세부 프로젝트에 모두 우선 협상 대상자로 선정됐지만 경쟁자인 중국과 일본이 감사원의 '총체적 부실' 감사 결과를 이용하려 들 수도 있다. MB는 아랍에미리트(UAE)가 발주한 원자력 발전소와 태국의 물 관리 사업 수주를 대통령이 아니라 대기업 회장처럼 챙겼다. MB는 UAE 왕세자에게 다섯 번이나 전화를 걸었으나 퇴짜를 맞고 여섯 번 만에 통화를 해 계약을 성사시켰다고 털어놓았다.

고별 만찬 참석자들이 돌아가며 MB에게 덕담했다. 한 참석자가 "MB가 747(7% 경제성장, 1인당 국민소득 4만 달러, 세계 7대 경제 대국) 공약은 지키지 못했지만 미국 금융 위기와 유럽 재정 위기로 다른 경제협력개발기구(OECD) 회원국들이 마이너스 성장을 할 때 한국은 플러스 성장을 했다"고 평가했다. MB는 감격스러웠던지 마무리 발언에서 꽤 길게 부연 설명을 했다. MB는 "2009년 경제 위기 때 유럽에서 제일 잘나가는 독일의 경제 성장률마저 −5.1%를 기록했을 때 한국은 0.3% 성장을 했다. 이것이 한국 경제의 신뢰도를 높여 일본을 앞지르는 계기가 됐다"고 말했다. MB는 "기적의 0.3%"라고 자찬했지만 세계 경제 위기와 저성장으로 서민의 삶이 팍팍해져 대통령의 인기는 없었다.

MB는 정치적으로 새로운 기록을 세웠다. 1987년 민주화 이후 자기 손으로 직접 만든 당에서 쫓겨나지 않은 대통령이 없었다. 한나라당은 새누리당으로 이름이 바뀌었지만 정권은 재창출됐고 MB는 당적을 유지했다.

민주화 이후 한국의 대통령들이 퇴임을 전후해 불행을 겪는 정치 문화는 지속되고 있다. 노태우 전 대통령은 퇴임 후 감옥에 갔고, 김영삼, 김대중 전 대통령은 재임 중 아들들이 교도소에 들어갔다. 노무현 전 대통령은 검찰 수사를 받던 중에 부엉이 바위에서 뛰어내렸다. MB도 이 점에 관해서는 마음이 무거웠을 것이다.

노 전 대통령의 죽음은 사실 촛불 시위가 촉발한 것이었다. MB는 최근 한 인터뷰에서 "진보 단체 사람들이 다 모여서 정권을 뒤흔들겠다는 계획이었다"고 광우병 촛불 시위의 성격을 규정했다. MB 정부를 3개월간 마비시킨 촛불 시위가 수그러든 뒤 노 전 대통령의 평생지기인 박연차 씨의 태광실업에 대한 국세청의 세무 조사가 시작됐다. 이 세무 조사를 바탕으로 검찰 고발이 이뤄졌고 대검 중앙수사부가 나섰다. 노 전 대통령을 따르던 사람들은 MB가 정치 보복을 했다고 비판할 수도 있을 것이다. 그러나 노 전 대통령이 법정에서 검사와 용기 있게 증거와 법리로 결백을 다투는 모습을 보였더라면 좋았을 것이다.

퇴임한 대통령은 정파를 초월해 국가와 사회에 봉사하는 삶을 사는 것이 좋다. 전직 대통령이 현실 정치에 관여하면 정치 보복을 부르기 쉽다. MB는 최근 한 인터뷰에서 "나라에 부담을 안 주면서 도움이 될 일을 조용하게 하며 지내겠다"고 말했다. 빌 클린턴 전 미국 대통령은 퇴임 후 재단을 만들어 에이즈 퇴치와 기후 변화, 공중 보건 등 다양한 분야에 기여한 공로를 인정받고 있다. 지미 카터Jimmy Carter 전 미국 대통령은 퇴임 후 평화 협상 사절과 인류 봉사 활동을 한 공로로 노벨 평화상을 받았다. 한국에서 아름다운 전직 대통령 문화를 가꾸는 것도 MB가 새로 개척해야 할 분야다.

채널A 〈황호택의 눈을 떠요〉

출연 **김경재** 국민대통합위원회 수석부위원장 **김기현** 채널A 정치부 차장 **조수진** 〈동아일보〉 정치부 차장 | 2013. 1. 2

"동작동 국립묘지 거기에 이승만, 박정희, 김대중, 이 세 대통령의 묘소가 한 장소에 함께 있는 것은 참 잘됐다고 봐요. 사람들이 여야나 당적을 떠나 우리나라 건국한 이승만 대통령, 경제발전 시킨 박정희 대통령, 민주화에 크게 기여하고 남북 화해에 기여한 김대중 대통령을 함께 참배할 수 있으니까요. 그런데 왜 문재인 후보는 편 가르기 참배를 했을까요. 그것이 선거 전략에서 첫 단추를 잘못 꿴 실수라고 안 봅니까?"

_ 조수진 〈동아일보〉 정치부 차장과의 대담 중

"김형욱 회고록에 보면 박 대통령이 독재자로 묘사되잖습니까? 그런 분이 오늘 날 박근혜 당선인 밑에 들어가서 대통합위원회를 하니까 참 금석지감今昔之感이 있는데요."

_ 김경재 국민대통합위원회 수석부위원장과의 대담 중

言中有骨 2

출연 **전병헌** 민주통합당 의원 **최진** 대통령리더십연구소장 **조수진** 〈동아일보〉 정치부 차장 **동정민** 〈동아일보〉 기자 | 2013. 1. 3

"민주당은 지금까지 젊은 세대를 위주로 한 선거 전략을 펼쳤는데 앞으로 노령화 사회 인구 구조 변화에 적응하지 못하면 만년 야당 되는 거 아닙니까?"

_ 전병헌 민주통합당 의원과의 대담 중

"친노를 중심으로 해서 민주통합당을 창당하고 한명숙 대표를 선출했는데 총선에서 패배했죠? 누구는 '다 이긴 선거 졌다' 이런 얘기도 나오던데요. 이번에 또 이해찬 대표를 선출하고 문재인 비서실장 후보로 만들어서 패배했죠. 안희정 전 지사는 폐족이란 말을 써서 지금까지 회자되고 있는데, 이제는 친노를 무슨 족이라고 불러야 됩니까?"

_ 조수진 〈동아일보〉 정치부 차장과의 대담 중

출연 **이만섭** 전 국회의장 **정연욱** 채널A 정치부장 | 2013. 1. 16

박정희 전 대통령은 보릿고개를 없애고 한강의 기적을 이룬 대통령입니다. 이와 함께 민주주의 후퇴라는 그늘도 남겼습니다. 박근혜 당선인은 박 전 대통령의 치적을 계승 발전시키고 독재와 인권 유린의 그늘은 치유하고 극복해야 하겠습니다.

_ 클로징 멘트

출연 **이상일** 새누리당 의원 **강지원** 변호사 | 2013. 2. 5

"미래창조과학부, 좋은 말은 다 붙어 있어요. 미래, 창조, 과학. 근데 이름 좋다고 일 잘하는 건 아니잖습니까? 사람을 보더라도. 그냥 평범하게 과학부라고 했으면 좋았을 거 같아요."

_ 이상일 새누리당 의원과의 대담 중

박근혜 대통령 당선자의 국무총리 후보자 등 요직 인선이 난산입니다. 산통 끝에 옥동자를 분만할 수 있기를 바랍니다.

_ 클로징 멘트

출연 **조갑제** 조갑제닷컴 대표 | 2013. 2. 6

"(박정희 대통령이) 요즘 대통령 임기로 계산하면 대통령을 세 번 반이나 하셨어요. 저희는 초등학교 때부터 대학생 때까지 대통령은 박정희 대통령밖에 모르고 성장을 했는데요. 이분이 민주주의를 후퇴시킨 부분에 대해서는 비판해야 되는 거 아니겠습니까?"

_ 조갑제 조갑제닷컴 대표와의 대담 중

출연 **강인섭** 전 한나라당 의원 **윤호진** 대통령취임식 총감독 | 2013. 2. 26

"(박근혜 대통령 취임사 내용 중) 이명박 직전 대통령만 이름을 부르고요, 나머지 그 자리 참석했던 전두환, 김영삼 대통령은 그냥 전직 대통령이라고 표현했는데요. 순서대로 하면 '전두환, 김영삼, 이명박 대통령께 감사드립니다'라고 해도 되고. 역순으로 하면 '이명박, 김영삼, 전두환 대통령께 감사드립니다' 별로 시간도 들지 않는데요. 두 분의 이름을 생략했습니다. 두 분에 대한 서운한 감정이 표시되지 않았나 이런 생각도 했습니다."

_ 강인섭 전 한나라당 의원과의 대담 중

3

'B컵 좌파'와 콩국수

민주당이 버려야 할 '오만과 편견'

2013. 1. 17

민주통합당은 지명도 높은 몇몇 먹물 좌파 인사들에게 열등감을 품고 있는 듯하다. 백낙청 서울대 명예교수가 주도하는 원탁회의라면 그냥 머리를 조아리는 모습도 그중의 하나다. 김지하 시인에 따르면 백 교수는 "하버드 나온 걸로 사람들을 겁주고 가르치려 드는," "북한 깡통들의 신파조를 제일로 떠받드는" 사람이다. 문재인 민주당 후보 주변에서 가끔 볼 수 있었던 공지영 작가는 대선 다음 날 "나치 치하의 독일 지식인들은 어떻게 살았을까"라며 박근혜 대통령 정부를 슬그머니 나치와 동렬同列에 세웠다. 그 오만과 편견이 하늘을 찌른다. 민주당을 지원하는 트위터 댓글로 이름이 높은 조국 서울대 법학전문대학원 교수는 형법에 관한 연구를 언제 하는지 알 수 없다.

민주당이 5060 이상의 사람들이 이맛살을 찌푸리는 김어준 '총수'나 욕쟁이 김용민에게 집착하는 것도 이해하지 못하겠다. 지난해 4·11 총선에서 쓴맛을 봤으면서도 이번 대선에서 문 후보는 이들 나꼼수와 함께 길거리 유세를 벌였다. 이들과 함께 이름 석 자를 널리 알리고 '국립 호텔'에 다녀온 정봉주 전 의원도 "나꼼수는 이제 유통 기한이 끝났다"고 하지 않는가.

민주당의 대선 패배는 나꼼수나 원탁회의 때문이 아니라 선거 전략에서 '가운데 중' 자를 빠뜨렸기 때문이다. 조순형 전 의원은 7선 중 6선을 민주당 쪽에서 했다. 조 전 의원은 "민주당이 김대중(DJ) 전 대통령 때까지만 해도 중도였으나 열린우리당 시절부터 지나치게 좌로 기울어졌다"고 비판했다. DJ가 당선된 1997년 대선 때만 해도 민주당은 '중산층과 서민의 정당'을 슬로건으로 썼는데, 이번에는 '중산층 70% 복원'을 내건 박근혜 새누리당 후보에게 중산층을 내주었다.

문희상 민주당 비상대책위원장은 비대위원 7명을 소개하며 "극단적이지 않고 치우치지 않은 분들"이라고 소개했다. 문 위원장은 "리모델링이 아닌 재건축 수준으로 당 혁신을 실현하겠다"고 약속했다. 두 문장을 합해서 풀어 보면 민주당에서 극단적이고 치우친 노선을 재건축 수준으로 바로잡겠다는 뜻으로 들린다. 하지만 민주당이 중산층과 서민의 정당 그리고 중도 노선으로 회귀하기에는 현실이 만만치 않다.

김기식 민주당 의원은 한 인터뷰에서 "당이 더 진보적이고 개혁적인 방향으로 간 것을 대선 패배의 원인으로 보고, 당이 중도화, 더 나아가 합리적 보수로 가야 한다는 목소리가 당 내에 있다"며 "그것은 원인 진단도 잘못됐을 뿐만 아니라 당의 정체성 노선을 오히려 훼손하는 것"이라고 말했다. 민주당은 4·11 총선을 치르며 친노(친노무현)가 공천의 주도권을 행사해 좌편향이 더 짙어졌다. 대선 패배 이후 뒷전으로 물러서 있는 이들의 동의를 받지 않고서는 당의 어떤 변화도 이루어내기 어려울 것이다.

민주당은 모바일 투표의 덫에 걸려 있다. '진보 정체성을 지켜야 한다'는 세력이 민주당의 의사 결정을 좌우하는 모바일을 확실하게 장악하고 있다. 박상천 상임고문은 채널A 프로그램에 출연해 민주당이 개혁하려면 "당 대표를 선출하는 방법부터 먼저 바꿔야 한다"고 말했다. 민주당은 모바일 경선 방식을 통해 이해찬 대표와 문재인 대통령 후보를 선출했다. 이 대표가 선출된 때는 당심黨心에서는 김한길 의원이 앞섰는데도 모바일 투표에서 이 의원이 뒤집었다. 문 후보가 선출됐을 때도 당심에서는 손학규 후보가 앞섰다. 결국 모바일 투표는 모바일 조직 동원력이 있는 쪽이 이길 수밖에 없다. 인구 고령화로 5060 이상 유권자의 표심이 선거에 미치는 영향이 갈수록 커지는 상황에서 민주당의 모바일 투표는 노장층을 계속 소외시킬 것이다.

박근혜 새누리당 후보는 경제 민주화와 복지 같은 진보적 가치를 파고들었다. 중산층과 서민은 박 후보가 대통령에 당선되면 중소기업과 어려운 사람들을 위한 정치를 펼 것이라고 기대를 걸게 만들었다. 보수가 진보의 가치를 파고들어왔듯 민주당도 중도적 보수 쪽으로 외연外延을 확대했어야 하는데 거꾸로 낡은 이념에 집착했다. 민주당 의원들은 미국대사관에 몰려가 한미 자유무역협정(FTA) 전면 재협상 구호를 외치며 서한을 전달하고 제주 강정마을에 몰려가 해군기지 반대 운동을 지원했다. 중도와 중산층은 이런 민주당에 정권을 주기가 불안하다는 판단을 한 것이다. 과거에는 진보 하면 연상되는 단어가 개혁, 변화, 발전 같은 것이었다. 지금은 종북 좌파 또는 수구적 진보가 연상된다는 이들이 늘어났다. 모두 극단적인 좌파들의 행태에서 비롯된 국민 인식의 변화다.

정의를 독점하고 있다는 오만, 근본주의적 이념으로 세상을 재단하는 편견, 그리고 모바일 투표라는 민의 왜곡과 과감히 단절해야만 민주당에 희망이 있다. 민주당이 이번 대선에서 얻은 1469만 표에 중도 중산층 실용으로 외연을 확대해 '+α'를 한다면 3년 후의 총선이나 2017년 대선에서 충분히 가능성이 있다. 그러나 진보를 제대로 못해 총선과 대선에서 졌다는 근본주의적 해석론으로는 1469만 표도 지키기 어려울 것이다.

문재인은 노무현을 지워야 보인다

2012. 9. 24

민주통합당의 문재인 대선 후보가 국립서울현충원에 잠든 역대 대통령 중 김대중 전 대통령 묘소만 참배함으로써 대한민국 현대사를 보는 인식의 일단을 드러냈다. 민주당 내에서도 견해가 엇갈린다. 옛 민주당 계열은 "현충원을 찾은 김에 이승만, 박정희 전 대통령 묘소도 갔더라면 좋았을 것"이라는 반응을 보였다. 열린우리당 계열은 "모두 참배했더라면 오히려 정체성에 혼란이 생겼을 것"이라고 문재인을 감쌌다. 박근혜, 안철수 후보의 '통합' 참배와 달리 문재인의 '편 가르기' 참배는 지지층의 확장이라는 선거 전략 측면에서도 현명하지 않았던 것 같다. 당 내 경선 기간에는 지지층의 결집을 끌어내는 행동이 효과적이겠지만 대선은 전통적 지지 세력에 플러스알파(+α)를 붙이는 게임이다.

문재인은 후보 수락 연설문에서 "협력과 상생이 오늘의 시대정신"이라며 '소통과 화합,' '공감과 연대'의 리더십을 발휘하겠다고 약속했다. 그러나 정치인의 속내를 파악하기 위해서는 달싹거리는 입술만 쳐다봐서는 안 된다. 과연 문재인이 상생과 화합의 대통령이 될지는 과거와 현재의 선택과 행동을 보고 판단할 수밖에 없다.

이호철, 양정철, 전해철 실세 '3철'

530만 표 차로 결판난 2007년 대선은 이명박과 정동영의 대결이었지만 이명박 대 '노무현 5년'이라는 의미가 컸다. 문재인은 마지막 합동 연설회에서 "5년 전 우리는 참여정부가 무능하다는 프레임에 빠져 민주 정부 10년의 자긍심을 버린 채 선거에 임했고 결과는 참담한 패배였다"고 대선 패배의 원인을 색다르게 분석했다. 이에 대해 손학규 후보는 대선 패배의 책임이 있는 세력이 '자긍심이 없어서 대선에서 졌다'고 말하는 것은 억지라고 반박했다. 문재인이 비록 민주당 경선에선 이기긴 했지만 2007년 대선 패배의 참여정부 책임론에 대해서는 손학규의 발언에 공감하는 국민이 더 많을 것이다.

문재인이 국정 경험을 갖고 있는 점에서는 안철수보다 상대적으로 나은 점수를 받을 수 있다. 안철수는 대담집《안철수의 생각》에서 "낡은 체제와 결별해야 하는 시대에 '나쁜 경험'이 적다는 건 오히려 다행이 아닌가 한다"며 미국의 빌 클린턴Bill

Clinton 전 대통령과 버락 오바마 대통령을 예로 들었다. 하지만 클린턴은 주지사를 했고 오바마는 주 상원의원과 연방 상원의원을 지냈다.

문재인이 청와대 민정수석, 시민사회수석을 거쳐 노무현의 마지막 비서실장으로 임기를 같이한 것은 대통령 후보로서 자산이다. 하지만 동시에 그의 한계로 작용하고 있다. 문재인을 돕는 사람들 중에는 '노무현 청와대' 출신과 노무현재단 출신이 다수다. 문재인 캠프에서는 노무현 청와대에 근무했던 이호철(전 민정수석비서관), 양정철(전 홍보기획비서관), 전해철(전 민정수석비서관·현 의원)이 '3철'로 불린다. 무보직 실세다. 문재인은 '용광로 선대위'를 만들겠다고 다짐했지만 누가 그의 귀를 잡고 있느냐가 중요할 것이다.

국민의 매서운 심판을 받고 폐족을 자처하던 친노들은 노 전 대통령의 죽음을 계기로 다시 결집해 민주당의 주도권을 잡고 문재인이라는 기획 상품을 만들어 내는 데 성공했다. 하지만 문재인 주변에서 친노들이 얼씬거릴수록 국민은 실패한 노무현 정치의 부활을 떠올릴 것이다. "노 대통령과 우리는 실패한 대통령, 실패한 정부라는 손가락질을 받으며 청와대를 떠났다…… 매사 도덕적일 뿐 아니라 능력 면에서도 최고의 사람들을 모아야 하는데 참여정부 때 그랬는지를 묻는다면 겸허하게 돌아보게 된다"(회고록 《운명》, 446~448쪽). 문재인은 이러한 서술의 진정성을 아직까지 보여 주지 못하고 있다.

문재인은 이, 박 전 대통령 묘소를 참배하지 않았지만 노 전 대통령의 묘소에 찾아가고 싶지 않은 국민도 있다는 것을 알아야 한다. 지지층만 싸고돌고 다른 쪽을 향해서는 거침없이 적개심을 쏟아낸 그 편 가르기의 졸렬함 때문이다. 기자들은 노무현 5년 동안 직업인으로서의 굴욕감과 함께 답답함을 느낄 때가 많았다. 도대체 언론과 전쟁하기 위해 대통령이 됐단 말인가. 노 전 대통령은 품격을 떨어뜨리는 거친 표현으로 국민의 신뢰를 까먹었다. 청와대 참모들 중에도 대통령을 흉내 내 험악한 언사를 쏟아낸 사람이 여럿 있었다.

5년 국정 경험은 자산이자 족쇄

문재인이 '노무현 청와대'에서 대 언론 자세에 관한 한 386 참모들과는 달랐다는 출입 기자들의 증언도 있긴 하다. 출입 기자들의 전화는 소속사를 구분하지 않고 받았다는 것이다. 문재인이 친노들의 등록 상표인 '편 가르기' 언론관의 포로가 아니라면 민주당의 당론인지 아닌지도 애매한 종편 출연 거부부터 철회해야 할 것이다.

문재인이 대선에서 승리하고 나아가 5년의 국정을 성공시키기 위해서는 노무현 정부의 국정 운영 스타일에 대한 '통렬한 반성과 깊은 성찰'이 따라야 한다. 노무현의 색깔을 지워야 비로소 문재인이 국민에게 보이기 시작할 것이다.

'B컵 좌파'와 '콩국수'가 뜨는 세상

2012. 4. 23

군사평론가 로버타 월스테터Roberta Wohlstetter는 저서 《진주만: 경고와 결정*Pearl Harber: Warning and Decision*》에서 "시간이 지나고 나면 실체가 항상 명백하게 밝혀지는 법이다. 그러나 사건이 발생하기 전에는 의미가 모호하고 불분명했다"라고 썼다. 미국은 일본의 공격이 임박했다는 여러 갈래의 정보를 입수했지만 그 대상은 일본에서 멀리 떨어진 하와이의 진주만이 아니라 필리핀일 것이라고 오판했다. 역사학자, 논평가, 문학가들은 사건의 결말이 나고 나서야 의미를 추출하는 데 능하다. 이른바 '뒤늦은 깨달음*hindsight*'이다.

김용민이 외설 막말로 추락하기 전 민주통합당에는 나꼼수의 도움을 받으려는 사람들이 줄을 섰다. "야, 너희들 그만둬. 저질 외설 막말에 유권자들이 등을 돌리고 있어"라고 따끔하게 질책하는 사람은 아무도 없었다. 작가 공지영은 김용민이 민주당에 패배를 안겨준 중요한 요인으로 드러난 직후 "민주당이 김용민을 놔둔 것은 치명적 소탐대실小貪大失"이라는 트윗을 올렸다. "김용민을 사위 삼고 싶다"던 공지영이 '뒤늦은 깨달음'을 얻은 것인가. 공지영은 작년 11월 20일 대전의 나꼼수 집회장에서 "큰일, 의미 있는 일들을 하는 나꼼수를 도와주고 싶다. 기존의 위선적인 사람들을 까놓는 것이 너무 통쾌하다"며 "딱 제 과예요"라고 '강추'했다. 그는 11월 30일 서울 여의도 나꼼수 집회에서 무대 위에 올라가 김어준을 "저보다 가슴이 큰 B컵 좌파"라고 소개했다.

공지영, 조국, 이외수의 '나꼼수 편애'

나꼼수 멤버들과 공지영이 경남 양산 문재인의 집을 찾았을 때 정봉주는 빠졌다. 정봉주는 공지영에게 "왜 안 왔느냐고 묻거든 '같은 대선주자끼리 쓸데없는 기싸움 하고 싶지 않았다'라고 전해 줘"라는 문자를 보냈다. 문재인이 나꼼수와 더불어 부산에서 거리 행진을 하고, 외설 막말 파동에도 김용민의 사퇴를 말렸다는 전후 사정이 비로소 이해가 갔다.

공지영은 "나꼼수 책들 때문에 내 책이 베스트셀러 순위에서 밀려나고 있다"고 농담처럼 말했다. 대형 서점의 베스트셀러 코너에 나꼼수의 책들이 즐비하다. 김어준의 책은 91쇄, 정봉주의 책은 11쇄, 주진우의 책은 10쇄, 김용민의 책은 7쇄를 했다. 출판 불황에 대박 행진이다. "콘돌리자 라이스를 ××해서 죽이자"고 떠드는 자의 책이 불티나는 독서 풍토를 걱정하지 않을 수 없다.

공지영의 작품 《즐거운 나의 집》은 결혼 세 번하고 이혼 세 번해 성이 다른 자녀 셋을 키우는 이야기를 다룬 자전적自傳的 소설이다. 심리 묘사가 탁월한 데다 어디까지가 진실이고 어디까지가 허구인지 궁금해 흥미진진하게 읽었다. 그는 '작가의 말'에서 "실제 사람들을 모델로 한 것이지만 허구에 의해 펼쳐진 것"이라는 주석을 달았다. 현실을 상상력으로 조리해 가공된 현실을 만들어 내는 작업이 소설에서는 OK다. 그러나 현실 세계의 소식을 미디어를 통해 전할 때는 사실의 정확성*factual accuracy*을 존중해야 한다.

요즘 좌파 매체 중에서는 '콩국수'(공지영, 조국, 이외수)가 강세다. 공지영의 트위터는 팔로어 40만 명을 거느린 대형 미디어다. 공 씨는 총선일인 4월 11일 트위터에 "타워팰리스의 투표율 78%"라는 허위 글을 리트윗해 놓고 논란이 일자 "트위터의 생명인 빠른 속보의 특성상 오보가 일어날 가능성은 누구에게든 늘 존재한다"고 변명했다. 사실 확인을 위한 혹독한 훈련 과정을 거친 적도 없고, 꼼꼼한 시어머니 같은 게이트키퍼(문지기)도 없는 풋내기 기자가 특종욕에 불타 오보를 남발하는 것과 같다.

나꼼수의 요설에 이의를 제기했다가는 '꼴통'으로 치부될 것 같은 사회 분위기를 만드는 데 콩국수가 일조했다. 나꼼수와 콩국수는 서로 끌어주고 밀어줬다. 김용민은 저서《조국 현상을 말한다》에서 조국을 2017년 대선 후보로 추대했다. 조국은 국회의원 후보 김용민의 후원회장을 했다. 이외수는 비키니 차림의 '뽀순이'를 안고 정봉주를 지원하는 비키니 시위에 동참했다. 나꼼수 팬들은 이외수를 '형님'으로 불렀다. 공지영은 정봉주 책 표지 띠지에 추천사를 써줬다.

천박한 막말 문화 제동 걸어야

서울의 동북 3구(강북, 도봉, 노원)에 나온 야권 연대 후보 중에 김용민만 패배했다. 노원갑 선거구에 거주하는 한 교수는 "스스로 '정봉주의 ×'이라 칭하는 친구가 국회의원이 되면 ×의 ×이 되겠기에 지인들에게 '×'을 찍으면 안 됩니다"라는 카카오톡을 보냈다고 전했다. 총선 결과를 보더라도 '×,' '××'나 '18' 같은 말을 입에 달고 사는 자들 때문에 기죽을 이유가 없었다.

가슴만 큰 'B컵 좌파'들의 천박한 하위 문화가 건전한 양식良識을 밀어내는 현상보다 더 서글픈 것이 있다. 베스트셀러 작가와 서울대 교수라는 최고의 지식인 그룹이 욕쟁이들의 저급한 '구라'에 박수를 쳤다. 뜬구름 같은 현상을 만들어 놓고 거들먹거린 나꼼수에 놀아난 것이다.

법륜 스님의 '정치 주례'

2011. 11. 28

안철수 씨의 제3신당과 관련해 관심을 끌고 있는 법륜 스님은 원래 활동의 폭이 넓은 승려다. 2002년 스님이 막사이사이상을 받았을 때 나는 〈신동아〉 9월호에 상당히 긴 인터뷰를 게재한 적이 있다. 작년 12월에는 청암(포스코 박태준 명예회장의 아호) 봉사상 심사위원으로 활동하면서 수상 후보였던 그를 다른 심사위원들과 함께 장시간 공동 면담한 적이 있다. 그 결과로 스님은 올해 2월 청암봉사상을 수상했다.

법륜 스님은 인도에서 젊은 어머니와 아이들이 구걸하는 모습을 보고 인류의 양심을 지키는 일이라는 뜻에서 JTS(Join Together Society)를 설립했다. JTS는 인도, 필리핀, 인도네시아 캄보디아, 스리랑카에 학교를 세워 어린이들을 가르치고 식수 및 농업용수 개발을 돕고 있다.

법륜 스님은 1995년 중국에 갔다가 인도보다도 더 어려운 북한 사정을 확인하고 "북한에 대해 나쁘게 생각한 것만이 편견이 아니라, 좋게 생각하는 것도 편견"이라는 생각을 갖게 됐다. 북한의 양로원과 고아원 등 53개 시설에 매년 50억 원어치씩 두유, 밀가루와 이유식을 공급하고 있다. 필자는 JTS 사무실에서 눈가가 촉촉해지는 동영상을 본 적이 있다. 식품을 실은 JTS 차량이 시설 안으로 들어가자 팔다리가 가는 북한 아이들이 뛰어나와 열렬히 환영하다가 차량이 떠날 때는 아쉬운 표정이 얼굴에 가득했다. 스님은 북한 주민 지원 사업을 하면서도 북한에 가보지 못한 유일한 사람이다. '좋은 벗들'이라는 단체를 통해 탈북자들을 지원하고 북한의 인권과 국경 소식을 담은 뉴스를 제공해 북한 당국으로부터 기피 인물로 찍혔다.

'평화재단'의 좌우파 공존

그는 경주고교 1학년 때부터 불교에 심취해 불교학생회 부회장을 했다. 고교 3년 내내 학교 옆 분황사에서 숙식을 했다. 대학생 불교연합회 지도법사이던 그는 신군부가 일부 비리 승려들을 체포해 가혹한 고문을 가한 1980년 '10·27 법난法難'의 부당성을 처음으로 사회에 고발하다 구속되는 수난을 겪었다. 종교 비리는 개신교에도 있는데, 신군부가 승려를 삼청교육대에 보내는 식으로 불교계만 때린 것은 공평하지도 않고 방법도 잘못됐다는 인식이었다.

법륜 스님은 속가에서 4남 2녀 중 막내(속명 최석호)였다. 무소유 공동체 '푸른 누리'를 운영하는 셋째 형 최석진 씨는 1979년 적발된 남조선민족해방전선준비위원회(남민전) 사건 관련자로 무기 징역을 선고받고 복역하다 1984년 형집행정지로 석방됐다. 법륜 스님은 〈신동아〉 인터뷰에서 "1979년 경찰 대공분실에 불려가 며칠 동안 두들겨 맞고 물고문을 당했다"고 말했으나 형과 관련된 문제였는지에 대해서는 물어보지 못했다.

사상과 이념은 부자 간, 형제 간에도 다르고, 한 사람의 일생에서도 변화를 겪는다. 프랑스의 정치가이자 역사가였던 프랑수아 기조François Guizot(1787~1874)는 "20대에 공화주의자가 아닌 사람은 심장이 없고, 30대에도 공화주의자로 남아 있으면 머리가 없는 사람"이라는 말을 남겼다. 윈스턴 처칠Winston Churchill, 조지 버나드 쇼George Bernard Shaw 등이 이 명언에서 공화주의자를 사회주의자로 바꾸어 써먹으면서 더욱 유명해졌다. 사람은 나이가 들면서 세상을 보는 눈이 바뀐다. 어떤 이의 사상적 편력이나 연좌緣坐 관계를 언급할 때 주의해야 하는 이유다.

스님은 좌우 통합을 강조한다. 그가 설립한 평화재단 지도위원에는 백낙청(재단법인 시민방송 이사장), 문규현 씨(천주교 정의구현전국사제단 대표) 같은 진보좌파와 윤여준(한나라당 전 여의도연구소 소장), 박세일 씨(서울대 국제대학원 교수) 같은 보수우파가 동거하고 있다.

성직자 정치 활동 한계 지켜야

법륜 스님은 "승려가 주례를 한다고 결혼(정치 참여)하는 것은 아니다"라고 말한다. 그는 필자와 통화에서 거듭 "승려가 왜 정치를 하겠느냐. 신당 창당에 개입하거나 참여할 생각이 일절 없다. 청중의 질문에 답변을 피해갈 수 없어 가정법으로 말한 것"이라고 해명했다. 하지만 이회창 의원은 "대중 집회에서 안철수 신당을 언급하는 것 자체가 정치"라고 꼬집었다. 법륜 스님은 바쁜 와중에도 수십 권의 책을 저술했고 그중에는 《엄마 수업》, 《스님의 주례사》 같은 책도 들어 있다. "여자가 대통령 되는 것만 중요한 게 아니다. 아이를 잘 키우는 것만큼 중요한 것도 없다"는 말도 《엄마 수업》의 연장선에서 한 말이겠지만 박근혜 의원 쪽에서 들으면 기분이 좋을 리 없다.

일부 개신교 목사들은 대선 때 이명박 대통령의 당선을 도왔다. 그렇다고 해서 승려가 제3신당이나 특정 대통령 후보를 띄우는 것을 합리화할 수는 없다. 스님을 따르는 사람들은 그가 불교계의 테레사 수녀나 김수환 추기경 같은 인물이 되기를 바란다. 스님이 정치 근처에 서 있다가 행여 탁한 동네의 구정물을 뒤집어쓸 것 같아 걱정스러운 눈치다.

15%
친노의
말 갈아타기

2011. 8. 15

각종 여론 조사에서 친노 성향 표는 15% 정도 나온다. 노무현 전 대통령의 '정신과 가치'를 계승할 정치인을 차기 대선의 야권 단일 후보로 만들고 싶어 하는 사람들이다. 이들이 문재인, 유시민 씨를 저울질하며 옮겨 다니고 있다. 4·27 경남 김해을 국회의원 보궐 선거에서 국민참여당 후보가 한나라당에 패배하면서 유 씨의 하강이 시작됐고, 문 씨가 친노의 대안으로 급속하게 부상하고 있다. 그러나 문 씨는 선거라는 검증 절차를 거친 적이 없고 권력 의지가 약해 보인다.

유 씨는 참여당과 민주노동당의 통합을 위해 사과謝過 정치를 하고 있다. 그는 7월 5일 서울 용산의 전국농민회총연맹 사무실을 방문해 "제가 대통령이었다면 한미 자유무역협정(FTA)

을 그렇게 하자고는 못 했을 것 같다"고 말했다. 노 전 대통령의 '정신과 가치'에 반하는 말이다. 노 전 대통령은 세계무역기구(WTO)에서 활동한 김현종 씨를 집권 직후에 영입해 한미 FTA를 줄기차게 밀고 나갔다. 노 전 대통령은 2007년 3월 농어민이 동참한 수요자 중심 업무 보고에서 "한미 FTA 체결은 정치적으로 손해지만 앞으로 국가 산업, 경제적인 문제를 위해 반드시 해야 한다"고 강조했다.

안희정 충남지사는 노 전 대통령의 복심腹心이었지만 노 정부 때 빛을 보지 못하고 감옥까지 갔다. 유 씨는 국회의원과 보건복지부 장관으로 화려한 경력을 쌓았다. 지지 세력으로부터 '좌파 신자유주의'라는 비난을 들으며 체결한 한미 FTA를 유 씨가 반대하고 안 지사가 지지하는 것을 노 전 대통령이 살아서 목도했더라면 어떤 반응을 보였을지 궁금하다. 안 지사는 8월 5일 기자들과 만난 자리에서 "야권이 피해 보상 및 대책이 없다는 이유로 한미 FTA에 반대하는 것은 좋은 태도가 아니다"라며 FTA 체결로 인한 충남도의 농업 부문 피해를 정면 돌파하겠다는 의지를 내비쳤다.

안희정의 유시민 작심 비판

안 지사는 이날 기자간담회에서 "직업 정치인은 단위 사업장(한진중공업 영도조선소)의 문제를 뛰어넘어 보다 근본적으로 문제를 풀 수 있는 제도적 장치나 입법을 고민해야 한다"며 희망버스를 비판했다. 유 씨는 정동영, 천정배 의원과 함께 2, 3차 희망버스를 탔다. 유 씨의 희망버스 탑승은 민노당에 대한 구애의 성격이 짙다. 안 지사는 참여당, 민노당의 합당 움직임에 대해서도 "민노당이 유시민을 필요로 하는 것은 결국 내년 대선 총선에서 민주당과 한판 하려는 것 아니냐"며 이것은 노선의 문제가 아니라 '게임의 문제'라고 말했다.

참여당은 민노당과 합당해 독일이나 스웨덴의 사회민주당 같은 중도좌파 정당을 만들 계획이라고 한다. 하지만 안 지사 같은 민주당 잔류파는 민주당에서 입지 구축이 어려운 유 씨가 '게임 이론'을 구사하고 있다고 분석한다. 유 씨가 합당으로 몸집을 키워 정체성 논란에 시달리는 손학규 대표를 누르고 야권 단일 후보를 노린다는 것이다. 이것도 여의치 않으면 내년 총선 대선에서 민주당과 연립 정부 구성을 위한 정치 협상을 벌여 지분 확보에 주력할 것이라는 해석도 있다.

유 씨는 민주당의 외곽을 때리는 전술로 경기도지사 후보와 김해을 국회의원 후보 단일화 경선에서 두 차례나 이겼지만 본선에서는 한나라당에 연거푸 패배했다. 민주당의 정통 지지 세력 가운데 노장년층은 '유시민당'으로 단일화가 되면 표를 주지 않는다는 것이 참여당 측의 자체 분석이다. 참여당 관계자는 "경선 과정에서 상처가 남아 본선에 나쁜 영향을 주는 단일화보다는 정치 협상으로 가야 한다"고 말했다.

2007년 대선에서 정동영 후보가 이명박 후보에게 531만 표 차로 대패한 데는 노무현 학습 효과도 상당한 영향을 미쳤다. 노 전 대통령의 가벼운 언행과 편 가르기 정치가 5년 동안 많은 국민을 돌아서게 만들었다. 그는 대통령이라는 자리에 실린 권위와 말의 파급력을 적절히 활용해 언론을 비롯한 각계의 수많은 사람에게 깊은 상처를 주었다. 그가 과시하던 도덕적 우월성도 박연차 사건으로 손상을 입었다. 문재인 씨는 자서전《운명》에서 가족이 박 씨로부터 돈 받은 것을 노 전 대통령이 몰랐다고 주장했지만 대검 수사팀은 증거와 정황에 비추어 '몰랐을 리 없다'고 판단했다.

"친노도 유통 기한 있다"

안 지사가 "더는 정파로서의 친노를 하지 말라. 친노도 유통 기한이 있다"고 말한 것은 예사롭지 않게 들린다. 문 씨도《운명》서문에서 '우리는 노무현 대통령을 극복해야 한다. 성공은 성공대로, 좌절은 좌절대로 뛰어넘어야 한다'고 썼다. 친노 깃발만으로는 골수 지지 계층을 빼놓고는 외연 확장이 어려운 것이 사실이다. 노 대통령의 공과를 비판적으로 따지고, 국민에게 불안감을 주지 않는 사람이라야 친노에 고착된 15%를 넘어 지지층을 확산시킬 수 있을 것이다.

황석영 《강남몽》 감상법

2010. 11. 22

고등학생 시절에 《삼포 가는 길》(1973)을 읽고 강렬한 인상이 남아 지금도 황석영이라는 이름 석 자를 들으면 이 단편 소설이 떠오른다. 어느 문학 평론가는 김승옥의 《무진기행》(1964)과 《삼포 가는 길》을 그 시대 한국의 대표 단편으로 꼽으며 무진에서 삼포까지 가는 데 9년이 걸렸다고 썼다. 무진과 삼포는 상상 속의 지명이지만 1960, 1970년대 독자들에게는 지도에 나오는 실제 지명처럼 추억을 지니고 있다.

주말에 황석영의 작품 《강남몽夢》을 한달음에 읽었다. 황석영의 소설 4장이 《대한민국 주먹을 말하다》(조성식)를 얼마나 베꼈는지는 〈신동아〉 11, 12월호에 상세히 소개됐다. 문장을 거의 통째로 옮겨놓아도 황 씨 말대로 '완성도를 높이는' 작업이 된다면 소설은 참 편리한 장르라는 생각이 든다.

황 씨는 “《강남몽》이 한국 자본주의 현대사에 관한 일종의 다큐 소설”이라며 “소설의 역사물이나 시대물은 역사적 기록이나 신문 잡지의 기사나 사실 자료를 취합하는 경우가 많다”고 해명했다. 그러나 문학 평론가 이명원 씨는 〈한겨레신문〉 칼럼에서 “소설적 인물과 사건을 상상하고 창안하는 창조적 작가의 고된 수고 대신, 자료의 재구성이나 조립에 시종한다면 그것은 서사 기술자에 불과하다”며 《강남몽》을 “조립 소설”이라고 질타했다. 황 씨로서는 아픈 충고였을 것이다.

‘해전사’의 오류 그대로 답습

《강남몽》에 등장하는 대성백화점은 삼풍백화점에서 모델을 빌려왔다. 대성백화점 김진 사장은 일제 강점기에 만주에서 일본군 헌병대 사환, 특무대 보조원을 지내고 광복 후 남으로 내려와 미국 정보 기관 요원으로 일하다 미군의 건설 공사로 부를 이루었다. 《강남몽》은 한국 경제 기적의 상징인 강남을 일제 밀정과 투기꾼과 룸살롱 마담과 조폭의 무대로 설정해 놓고 대성백화점의 붕괴로 소설의 대미를 장식한다. 이것이 ‘한국 자본주의 현대사’라면 전후의 폐허에서 피땀으로 이룬 ‘한강의 기적’은 너무 무참해진다.

《강남몽》 2장의 시대적 배경 설명은 소설로 풀어쓴 《해방전후사의 인식》(해전사)이라고 보면 될 것이다. 일본군과 일제 경찰에 부역한 사람들이 대한민국의 주도권을 잡고 반공을 무기로 제주도 4·3 사건, 대구 좌익 폭동, 여순 반란 사건 관련자와 보도연맹원들에 대한 학살을 자행한다는 줄거리다. 황 씨는 〈신동아〉 보도로 표절 논란이 일자 《강남몽》 18쇄(11월 15일 인쇄)부터 참고 서적을 밝혔다. 그중에는 해전사와 함께 《해방 직후의 민족문제와 사회 운동》, 《브루스 커밍스의 한국 현대사》가 들어 있다.

고 김일영 교수는 "1980년대 이후 한국 현대사의 지적 헤게모니는 커밍스의 아이들에 의해 장악됐다"며 "그들에게 한국 현대사는 반민중 반민족 반민주의 역사로서 오욕의 역사이며 지우고 싶은 대상"이라고 분석했다. 커밍스는 6·25 전쟁을 '자연 발생적 내전'이라고 주장했지만 소련이 붕괴한 뒤에 나온 극비 문서들에는 김일성이 소련과 중국을 방문해 스탈린, 마오쩌둥과 남침을 협의한 전후 사정이 상세히 나와 있다. 커밍스의 학문적 기반은 이것으로 무너졌다고 해도 과언이 아니다.

해전사의 골자는 이승만 정권은 친일파를 대거 등용해 반민족적 성격이 강했고 단독 정부 수립(대한민국 건국)이 분단 고착화에 기여했다는 것이다. 소련 문서에 따르면 북한은 한국보다 훨씬 앞선 1946년 2월 북조선 임시인민위원회를 결성해 사실상 단독 정부를 수립했다. 《강남몽》의 참고 서적은 이처럼 일방적으로 북쪽을 편들거나 핵심 설정이 오류로 판명된 책들이다.

앙드레 지드Andre Gide는 한때 "나의 공산주의에 대한 신념은 종교적 신념과 같다. 그것은 인류를 위한 구원의 약속"이라고 썼을 만큼 공산주의를 지지했다. 하지만 소련작가동맹의 초청으로 소련을 돌아보고 나서 공산주의에 대한 환상이 깨졌다. 1936년 《소련 기행*Retour de L'URSS*》을 통해 공산주의의 폐쇄성과 획일주의를 통렬히 비판해 사회주의자 친구들을 잃었다. 지드는 1947년 노벨 문학상을 받았다.

환상 깨고 진실 쓴 앙드레 지드

황 씨는 누구보다도 북한의 현실을 깊숙이 들여다 볼 기회를 가졌다. 황 씨는 1989년 3월 조선문학예술총동맹의 초청으로 방북해 문익환 목사와 함께 김일성 주석을 만나고 다채로운 활동을 했다. 그는 귀국해 감옥 생활을 하고 나온 뒤 《가자 북으로 오라 남으로》라는 북한 방문기를 펴냈지만 그 책의 어디에도 탈북자들이 증언하는 인권 유린과 굶주림 그리고 우상화의 기록은 보이지 않는다.

자유 민주주의, 경제, 인권, 복지 같은 지표에서 한국은 세계가 경탄하는 기적을 이루었다. 반면에 북은 세계 최악의 국가군으로 분류된다. 위대한 작가라면 지드처럼 동시대를 진실하게 기록해야 한다. 나는 작가의 다큐 소설 작법을 존중한다. 작가도 내 독법讀法을 존중해 주었으면 좋겠다.

채널A 〈황호택의 눈을 떠요〉

출연 **안상수** 전 한나라당 대표 **김기현** 채널A 정치부 차장 | 2013. 1. 24

"(19대 공천 탈락 관련) 당 대표 시절 친이계로 분류되지 않았습니까? 친박들한테 좀 서운하게 했다가 (공천 때) 보복을 당한 게 아닙니까?"

_ 안상수 전 한나라당 대표와의 대담 중

5년마다 대통령 권력이 교체되면서 짐을 싸서 나오는 쪽은 쓸쓸한 모습입니다. 새 정권을 맡기 위해 짐을 꾸리는 쪽은 들떠 있습니다. 바쁘게 들고나는 속에서도 정치는 새로운 진전이 있어야 하겠습니다.

_ 클로징 멘트

출연 **이혜훈** 새누리당 최고위원 **고성호** 〈동아일보〉 정치부 기자 | 2013. 2. 4

"부군인 김영세 교수가 새 정부에서 중요한 역할을 할 것이라는 이야기도 나올 거 같은데요. 부부가 함께하는 경우가 드물어서 두 분 중 한 분이 양보를 해야 할 거 같아요?"

_ 이혜훈 새누리당 최고위원과의 대담 중

출연 **김형준** 명지대학교 교수 **김기현** 채널A 정치부 차장 | 2013. 2. 12

박근혜 당선인의 주요 공직 인선 발표 및 국회 인사 청문회로 2주 동안 사람 이야기가 풍성해질 것입니다. 어떻게 살아왔느냐만 따지다가 얼마나 일을 잘할지를 살피는 데 소홀해서는 안 되겠습니다.

_ 클로징 멘트

출연 **박희태** 전 국회의장 **박민혁** 채널A 정치부 기자 | 2013. 2. 13

"당 이름이 하도 바뀌어서 그냥 사람 이름으로 쉽게 이야기 합시다. YS당, JP당 그리고 노태우당을 합쳐서 3당을 합당하고 DJ당은 배제가 됐는데요. (책에) '3당 합당이 노태우 정권의 황태자였던 박철언 전 의원의 작품이다'라고 규정을 했더라고요.

결국은 YS가 대통령이 되고 박철언은 교도소에 갔으니까 YS의 정치력이 한 수 위라고 봐야 될까요?"

_ 박희태 전 국회의장과의 대담 중

출연 **박형준** 전 청와대 정무수석 **정용관** 〈동아일보〉 정치부 차장 | 2013. 2. 19

"(이명박 대통령 때는) 고대 출신 수석 비서관이 몇 명이었죠? 2명인데 고소영 소리를 들었으니 억울하겠습니다?"

_ 박형준 전 청와대 정무수석과의 대담 중

"법무부장관과 민정수석은 수시로 의견 교환을 나눠야 하는 자리 아닙니까? 견제와 균형의 원리가 작동돼야 좋은데 법무부 장관도 성균관대, 민정수석도 성균관대. '선배님, 후배님' 하다 보면 이런 원리가 작동될지, 걱정스러운 것도 사실입니다?"

_ 박형준 전 청와대 정무수석과의 대담 중

우리나라 역대 대통령들은 임기 말과 퇴임 후가 대체로 행복하지 않았습니다. 이명박 대통령은 새롭고 행복한 전직 대통령 문화를 개척해 나가기 바랍니다.

_ 클로징 멘트

4

신기루인가
변화의 바람인가

안철수의 먹통과 과포

2013. 3. 28

나는 안티 안철수는 아니다. 그도 정치 현장에서 경험을 축적하고 경륜을 쌓는다면 대통령 후보의 재목이 될 수 있다고 본다. 한국 국회에는 자연 과학 전공자가 너무 적다. 박근혜 대통령이 미래창조과학부에 열정을 쏟는 것도 서강대 전자공학과 출신이기 때문일 것이다. 정보통신기술(ICT)은 물론이고 기후 변화, 줄기 세포, 원자력 같은 중요 정책을 논의함에서 국회에 자연 과학 전공자가 다수 들어간다면 도움이 될 것이다.

안철수가 가는 길에서 최대의 적은 자신이다. 젊은 세대는 안철수에게 환호하지만 나이든 세대는 그의 신비주의, 과대 포장(과포), 소통 장애에 거부감을 느낀다. 인구 비중이 해마다 높아지는 50대 이상 유권자를 끌어안지 못하면 그는 이번 재·보궐선거에서는 성공할지 몰라도 대선에서는 승리를 기약할 수 없다.

그는 2011년 관훈포럼에서 이명박 정부의 총리직 제안을 받았느냐는 질문에 "청와대에서 메시지를 전달한 것으로 알고 있지만 나는 전달받지 못했다. 누가 전달하기로 했는지 그 사람도 알고 있다"고 말했다. 일국의 총리 자리 제의가 이렇게 허술하게 배달 사고가 날 수 있는 건지는 잘 모르겠다. MB 청와대에서 핵심 요직을 지낸 한 인사는 "총리 제의는 과포"라고 단언했다. 이 인사는 안철수에게 지식경제부 장관 제의를 했으나 황철주 중소기업청장 내정자 같은 주식 백지신탁과 매각 문제에 걸려 스스로 포기했다고 한다. 그는 장관 자리보다는 안랩의 경영권을 중시한 것이다.

안철수는 휴대전화를 들고 다니지 않는다. 안 씨가 KAIST 교수로 재직할 당시 청와대 고위 관료가 조교에게 메모를 남겨놓아도 며칠씩 연락이 되지 않았다. 박근혜 대통령도 불통不通이라는 말을 듣지만 안 후보 수준의 통신 먹통은 아니다. 대통령 후보설에 오르내리기 시작한 뒤에는 기자들이 안철수의 집 앞에서 진을 쳤지만 한 줄 기삿거리를 얻을 수 없었다. 휴대전화가 없던 시절의 정치인들은 집에서 샤워를 하다가도 응접실로 나와서 정치부 기자들의 전화를 받았다. 기자가 훌륭해서가 아니라 국민의 메신저라고 생각했기 때문이다.

안철수를 띄운 것은 청춘콘서트와 TV 예능 프로그램인 〈힐링캠프, 기쁘지 아니한가〉 그리고 교과서의 과포다. 입영날 아침

일화는 다시 꺼내지 않겠다. 안철수 관련 글은 초중고교 교과서 11종에 실렸다. 이병철 삼성그룹 창업자나 정주영 현대그룹 창업자도 교과서에서 이런 대우를 못 받았다. 전경련은 2011년 "내년에 나올 고교 국사 교과서에서 전태일 분신 사건은 많은 지면을 할애해 다루고 있지만 이병철, 정주영 씨를 소개한 교과서는 단 한 권이고 그것도 간략한 사진 설명뿐"이라는 분석 자료를 낸 적이 있다. 교과서를 저술하고 편집하는 이들의 균형 감각이 모자란다고 볼 수밖에 없다.

안철수가 좀더 도전적이고 정치적으로 의미가 있는 길을 택하려면 부산 영도에 출마했어야 한다. 야권 후보의 텃밭이나 마찬가지인 지역에서 무혈입성을 시도하는 것은 국회의원이 꿈인 사람이라면 몰라도 대통령을 넘보는 정치인이 할 일은 아니다. 안철수에겐 노무현 같은 도전 정신이 없다는 이야기다.

노회찬 전 의원은 안기부 도청 파일에 들어 있는 떡값 검사의 명단을 폭로했다가 통신비밀보호법에 따라 유죄 확정 판결을 받고 의원직을 상실했다. 기업으로부터 떡값 받은 검사의 명단이 틀려서가 아니라 도청한 자료를 공개할 수 없다는 법률을 위반했기 때문이다. 남편의 '억울함'을 아내 김지선 씨가 풀겠다고 나섰다. 김 씨는 남편의 지역구를 물려받는 단순한 세습 후보가 아니라 엄혹한 유신 시절 민주화 운동, 노동 운동을 한 경력이 있다. 안철수의 노원병 출마는 그가 동물원이라고 비난하던 재벌 기업의 행태와 뭐가 다른가. 안철수가 다시 대통령 후보에 도전한다면 이번 골목상권 잠식이 두고두고 그의 발목을 잡을 것이다.

안철수가 대선 캠프를 도왔던 자원봉사자 전원에게 자성과 사과를 담은 e메일을 보내면서 '친구 추천'을 부탁했다. 전국의 지지자들에게 노원병 지역구인 서울 상계동에 사는 지인을 소개해 달라고 한 것이다. 청와대 주요 인사의 전화도 안 받는 사람이 다급했던 모양이다. 안철수가 이런 방식을 통해서라도 소통과 정치의 땀 냄새를 배운다면 다행이다.

박 대통령을 보더라도 소통은 정치인의 소중한 덕목이다. 박 대통령의 한 달은 국민에게 실망을 주기에 충분했다. 아직은 더 지켜보겠다는 국민이 많긴 하지만 지금까지 장차관 인사를 보면 박 대통령은 심각한 소통장애에 걸려 있다. 어떤 이는 입에 올리기도 부끄러운 성접대 의혹으로 물러났다. 무기 중개 업체에서 월급을 받던 사람이 국방부 장관 후보자가 돼 안보가 위중한 시기에 귀중한 시간을 허비했다. 공정거래위원장 후보자로 해외 계좌를 보유하고 탈세 의혹이 있는 로펌 변호사 출신을 앉혔다가 낭패를 당했다. 민정수석 비서관실의 검증 부실만 나무랄 수 없는 일이다. 이너서클이나 수첩에만 의존하지 말고 의견을 널리 구했더라면 인사 실패를 막을 수 있었을 것이다.

박 대통령 시대가 막을 내릴 무렵에는 국민이 가장 주목하는 정치인의 덕목이 바로 소통이 될 거라는 예감이 든다. 대권을 꿈꾸는 안철수는 먹통과 과포의 벽을 허물어야 소통 장애를 치유할 수 있다. 사람은 바뀌기도 하고 안 바뀌기도 한다.

'모범생 증후군'의 모델 안철수

2012. 9. 10

검사 출신들은 정치를 해도 '검사스럽게' 한다. 공명심에 불타는 검사가 피의자 조사를 하듯 정치를 한다는 말이다. 정준길 전 새누리당 공보위원이 안철수 서울대 교수 측의 금태섭 변호사에게 '후보 사퇴 위협'으로 들릴 수 있는 발언을 한 것은 공사 구분도 못한 초보 정치의 헛발질이다. 친구와의 전화 내용을 깐 금 변호사의 대응에도 복합적인 노림수가 실려 있다. 안철수에 대한 검증 보도가 쏟아지자 사찰 및 공작 의혹을 제기해 물 타기 하려는 의도가 엿보인다. 민주당 경선에 찬물을 끼얹는 효과도 거뒀다.

정준길의 오발탄은 안철수라는 모범생을 벗기는 계절의 시작을 알리는 신호탄이다. 안철수가 대통령을 꿈꾼다면 국민의 알권리나 언론의 알릴 권리를 피해 갈 수 없다. 최근의 검증은 통념처럼 안철수가 과연 세상을 착하게만 산 모범생이냐는 데 집중돼 있다. 안철수에겐 모범생 이미지와 함께 부잣집 엄친아 출신 특별 계급 이미지가 겹쳐진다. 컴퓨터 백신을 공짜로 나눠주고 대학생들을 위로하는 청춘콘서트를 다니는 것은 모범생의 이미지다. 그러나 병원장집 아들로 태어나 어머니에게서 아파트 딱지를 증여받아 내 집을 마련하거나 미국 유학 중에 포스코 사외이사를 하며 스톡옵션을 행사하고 포스코 돈으로 비즈니스클래스 타고 십여 차례 한국을 오간 것은 은수저 물고 태어난 특별 계급의 이미지를 떠오르게 한다.

자기애의 미화가 부른 거짓 논쟁

부모의 기대와 주위의 부러움을 받는 모범 어린이*model child* 안철수의 성장 과정은 그의 성격 형성에 큰 영향을 미쳤을 것이다. 그러나 주위의 칭송을 받기 위해 '착한 사람'이라는 메시지를 계속 내보내는 모범생 증후군은 현실과의 괴리로 최근 논란을 불렀다.

안철수는 2009년 MBC의 〈무릎팍도사〉에서 "입대일 아침까지 컴퓨터 바이러스 백신 프로그램을 만들다가 허겁지겁 부대로 달려갔다. 가족에게 군대 간다는 말도 안 하고 온 사실이 뒤늦게 떠올랐다"고 말했다. 그러나 아내 김미경 씨는 2011년 8월 인터뷰에서 "남편을 기차에 태워 보내고 혼자 돌아오는데 섭섭

했다"고 말했다. 안철수는 그 정도로 백신 개발에 몰입했다는 이야기를 하고 싶었겠지만 아내가 남편의 입대일을 몰랐다면 상식에 배치된다. 자기애가 강한 모범생이 성공담을 말하다 보면 극화 또는 미화하기 쉽다. 이것이 지나치면 자신의 기억까지도 왜곡하는 게 인간의 심리 구조다.

안철수가 월간지 〈신동아〉 보도 후 룸살롱에 간 것을 인정하면서 "최근의 일부 보도와 주장은 아무 근거도 없이 거짓을 만들어 내고 사실을 왜곡하는 낡은 방식"이라고 발끈하는 것도 이해할 수 없다. "단란한 게 뭐죠?"라는 식으로 동문서답하지 말고 처음부터 "술을 못 하지만 사업상 교제를 하느라 여종업원이 있는 집에 몇 번 따라간 적이 있다"고 말했더라면 불필요한 논란을 확산시키지 않았을 것이다. 모범생의 착한 모습만 보여주려다 말이 꼬이니 엉뚱한 데 화살을 쏘는 것 아닌가.

유민영 대변인은 안철수의 어머니가 사 준 사당동 재개발 딱지의 증여세를 냈는지에 대해 "부모님이 연세가 있기 때문에 잘 기억을 못 하고 있다"고 답변했다. 이것은 부모가 아니라 수증자受贈者인 안철수가 기억을 해 대답했어야 할 대목이다. 증여세를 부모가 대신 내주면 그만큼 증여세를 또 내야 한다. "부모님이 집 장만하라고 재개발 지역 딱지를 사 주었지만 증여세는 내지 않았을 것"이라고 왜 솔직히 말을 못 하는가.

이명박 대통령은 후보 시절 외국 근무할 때의 경험담을 말하면서 "마사지를 받으려면 덜 예쁜 여자를 골라야 자신을 선택해 준 게 고마워 성심성의껏 서비스를 하게 된다"는 말을 했다가 구설에 올랐다. 실용주의자다운 발상이다. 대구지방국세청장을 지낸 안원구 씨는 여러 인터뷰에서 포스코 세무 조사 때 150억 원대의 도곡동 땅 관련 서류에 적힌 '실소유주 이명박'이라는 연필 글씨를 봤다고 말했다. 투자자문회사 BBK는 도곡동 땅을 포스코에 매각한 자금으로 설립했다는 의혹이 제기된 바 있다. 마사지를 즐기고 타인 명의로 땅을 은닉한 의혹도 있지만 국민은 그가 경제를 살려 줄 것으로 믿고 대통령 선거에서 압도적 승리를 안겨 줬다. 후보 시절부터 성추문에 시달린 미국의 빌 클린턴이 성인聖人이어서 대통령이 될 수 있었던 것은 아니다.

착함만으론 국가 보살필 수 없다

안철수가 남의 손을 들어줄 것이라면 모르되 스스로 대통령을 하고 싶다면 모범생 티를 벗어던져야 한다. 사람들은 혼탁한 세상에서 귀티 나는 모범생을 좋아하지만 위선자는 싫어한다. 모범생 신드롬이 지나치다 보면 복잡한 정치의 장에서 현실 부적응을 일으킬 수도 있다. 근본적으로 선하지 않은 국내외의 정치적 환경에 둘러싸여 있는 대통령이 착하기만 해서는 국가를 보위하고 민생을 보살피기 어렵다.

김두관, 그 스토리와 콘텐츠

2012. 7. 30

김두관 전 경남도지사는 37세에 남해군수에 당선돼 부산·경남(PK)에서는 꽤 이름을 알렸지만 서울의 정치 무대에서는 생소했다. 노무현 정부가 초대 내각에 그를 행정자치부 장관으로 발탁하면서 전국적인 인물이 됐다. 행자부 장관실에서 김두관과 도시락 점심을 먹으며 두 시간 동안 월간 〈신동아〉에 실을 인터뷰를 한 적이 있다. 〈신동아〉 외판원 출신이 장관이 돼 〈신동아〉 인터뷰에 나갔더라면 화제를 모았을 텐데 한창 검증이 뜨거운 때여서 게재 시기를 저울질하다 기회를 놓쳤다. 나중에 필자가 〈신동아〉 인터뷰를 묶어 책으로 펴낼 때 김두관 인터뷰를 넣어 미안함을 덜 수 있었다.

그는 1980년대 중반 야간에는 민주통일민중연합(민통련) 부설 민족학교를 다니고 낮에는 〈신동아〉 외판원을 했다. 이런 저런 기사를 소개하며 정기 구독을 권유하다 예비 독자와 시국 토론으로 이어지는 일도 있었다. 〈신동아〉는 그에게 생활비의 원천이자 시사 지식의 제공자였던 셈이다. 부지런히 발품을 팔고 돌아다닌 덕에 서울에 혈연 학연이 없는 시골 출신이 외판원 80명 중에서 판매 실적으로 30등을 했다.

김두관은 한나라당이 낸 해임 건의안이 국회를 통과해 7개월 만에 장관을 그만두었다. 노무현 길들이기용 해임 건의안은 여소야대 국회에서 간신히 반수를 넘겼다. 그가 아마 주류 사회와 학맥의 네트워크가 연결됐더라면 다른 결과가 나왔을지도 모른다. 25일 관훈클럽 토론회에서도 "빈약한 학력으로 글로벌 시대의 정상들과 토론을 벌일 수 있겠느냐"는 질문이 나왔다.

민평련과 관훈 토론의 엇갈린 반응

김두관은 종합고(농고의 후신)를 나와 전문대를 거쳐 동아대 정치학과에 학사 편입해 졸업했다. 그는 국민대에 합격해 놓고 입학 등록금을 구하지 못한 이야기를 소개하며 "꾸준히 노력하고 공부해 당당하게 정상 외교를 하겠다"고 답변했다. 그의 학벌 빈곤은 대다수 국민에겐 오히려 연민과 동일시의 스토리가 될 수도 있다.

김두관은 고 김근태계의 모임인 민주평화국민연대(민평련)와 6월 25일 초청 간담회를 가진 뒤 "스토리는 풍부한데 콘텐츠가 부족하다"는 말이 나온 것을 뼈아프게 생각하고 있다. 이 간담회에서 김두관은 몇 개 질문에 답변을 제대로 못했다. 김두관 캠프의 윤승용 전 청와대 홍보수석은 "청문회를 당한 경험이 처음이었고 미처 준비할 새가 없었다"면서 "관훈 토론에서 민평련 토론회의 실패를 만회했다"고 자평했다.

관훈 토론에서 그가 〈힐링캠프, 기쁘지 아니한가〉의 PD를 호칭하며 "나에게도 기회를 달라"고 애소하듯 말한 것은 어색한 장면이었다. 안철수 서울대 융합과학기술대학원장은 대선이 4개월 남짓 남았는데도 언론 인터뷰를 회피하고, 시청률 높은 지상파 TV 예능 프로에 나가 연예인들과 인생 담소를 나누는 이미지 정치를 한다.

'백마 탄 기사' 같은 기품으로 안개를 피우며 지지율 1, 2위를 오르내리는 안 원장을 '논두렁 이장' 출신 김두관이 흉내 낼 일이 아니다. 본격 언론과 부대끼며 스토리를 확산하고 콘텐츠를 보여 줄 때다. 김두관은 대선 출전을 앞두고 전문가들을 불러 국가 현안에 대한 과외 공부를 했다고 한다. 저서 《아래에서부터》는 "전통적 지지 그룹에 중도 세력을 설득해 끌어들이는 덧셈의 행위"라고 정치를 규정했다. 그렇게 잘 알면서도 종합 편성 TV에는 나가지 않는다. 인지도와 지지율 끌어올리기가 다급한 후보가 좌와 우를 가리거나 지상파냐 종편이냐를 따지는 것은 바보 같은 짓이다.

그는 민주통합당에 입당할 때 "국민이 원하는 것은 '노무현

한 번 더'가 아니라 '노무현을 넘어서는, 더 큰 정치'가 필요하다"는 뜻의 말을 했다. 그는 책의 서문에서 성공한 서민 정부가 되려면 지지 세력을 배신하지 않으면서 '불필요한 적'도 만들지 않아야 한다"고 밝혔다. 김 전 지사는 노무현의 중요한 실패 원인인 편 가르기 언론관을 답습해서는 안 될 것이다.

24일 리얼미터의 다자 대결 구도 조사에서 문재인 의원은 10.0%로 떨어졌고 손학규, 김두관 후보는 나란히 4.5%를 기록했다. 아직은 일강一强 양중兩中 구도지만 총선 이후 문 의원이 정체된 분위기다. 총선 때 PK에서 크게 기여를 못했고 참여정부의 연장선에 있는 그에 대해 호남의 지지가 상대적으로 낮다는 분석이다. 더욱이 결선 투표제가 마련돼 막판 뒤집기도 가능해진 상황이다.

문재인 꺾으면 진짜 돌풍 될 수도

선거 여론 조사 전문가인 김형준 명지대 교수는 "문재인이 민주당의 최종 후보가 된다면 안철수가 재경선에서 승리할 가능성이 크다. 그러나 만약에 김두관, 손학규 중에 하나가 돌풍을 일으켜 문재인을 꺾고 민주당 최종 후보가 되는 상황이 온다면 안철수가 위태로워질 수도 있다"는 분석을 내놓았다. 가정에 가정을 거듭한 분석이지만 민주당에서 문재인 대세론이 뿌리 내리지 못하는 사이에 장외의 '백마 탄 기사'가 흔들리는 상황이 올지도 알 수 없는 일이다.

문재인, 손학규, '국민 대통합' 스스로 깰 건가

2012. 6. 18

민주통합당 박선숙 전 의원은 1997년 DJ(김대중 전 대통령) 대선 캠프의 부대변인으로 이슥한 밤에 군고구마를 싸들고 언론사 정치부를 돌았다. 그만큼 언론과의 소통을 중시하는 현실 정치인이다. 박 전 의원은 이달 초 〈한겨레신문〉 인터뷰에서 "동아, 조선, 중앙의 독자도 우리 국민이라고 생각합니다. 맘에 안 든다고 만나지 않으면 세 신문이 아니라 그 독자인 국민까지 포기하는 거예요"라고 말했다. 이 발언을 뒤집어 보면 3대 신문의 독자를 '우리 국민'이라고 생각하지 않거나, 최소한 소통 대상이라고 보지 않는 기류가 민주당에 존재하고 있음을 알 수 있다.

박 전 의원은 종합편성채널(종편) 출연과 관련해 "미디어법 날치기에 반대한 이상, 그 결과로 만들어진 종편과 인터뷰하는 것은 적합하지 않아요"라면서도 "그 문제도 일정 시간 지난 다음에는 다시 정해야겠죠"라고 말했다. 미디어법 '날치기 무효'를 주장한 민주당으로서 종편 출연까지 다소 시간이 필요하다는 의미일 것이다. 그러나 민주당이 의회 민주주의의 룰을 존중한다면 국회에서 다수결로 통과되고 헌법재판소의 유효 결정을 받은 법을 부정하는 태도를 오래 끌고 가서는 안 된다.

새누리당의 텃밭인 부산에서 민주당 간판으로 내리 3선을 한 조경태 의원은 17일 채널A의 〈대담한 인터뷰〉(《동아일보》 배인준 주필 진행)에 출연해 대선 출마의 변을 밝혔다. 민주당에 종편 출연 금지의 확실한 당론이 있다면 조 의원을 징계해야겠지만 민주당에선 아무도 그를 제재하지 않는다. 채널A의 인기 높은 시사 토크 프로그램 박종진의 〈쾌도난마〉엔 민주당의 우윤근, 안규백, 이윤석, 김경협, 민병두, 황주홍 의원이 출연했다. 정대철 민주당 상임 고문은 채널A 출연 문제를 놓고 아들(정호준 의원)과 의견을 나누다 "싸우려면 정권하고 싸워야지, 신문, 방송과 싸우는 것은 슬기롭지 못하다"는 말을 했다고 전했다.

조경태, 김부겸, 정대철 종편 출연

이해찬 민주당 대표는 올 1월 중순 〈한겨레신문〉 인터뷰에서 "다시 집권해 종편을 바로잡아야 한다. 주파수를 회수하는 방법이 있겠고, 여론 다양성과 품위, 균형을 유지할 수 있도록 방송통신위원회를 다시 만드는 방법이 있겠다"고 말했다. 지상파와 달리 종편은 케이블 방송이어서 회수해 갈 주파수가 없다. 방송 사업자는 3년마다 방통위의 재심사를 받지만 권력이 바뀔 때마다 입맛에 따라 방송을 죽이고 살리면 언론 자유가 있는 나라라고 할 수가 없다. 민주주의가 불완전한 러시아의 블라디미르 푸틴Vladimir Putin도 그렇게 하지는 않는다.

이 대표가 말하는 방송의 다양성과 균형을 갖추자면 지상파 공룡의 독과점부터 규제할 일이다. 자신들이 태어나는 걸 원하지 않았던 아이라고 해서 걸음마도 하기 전에 숨통을 끊어놓는 것은 '종편 영아 살해'에 해당한다. 종편을 잘 길러서 젊은이들이 선호하는 미디어 일자리를 많이 만들어 내고, 지상파의 독과점 횡포에 고사해 가던 한류 콘텐츠 제작사를 지원하며, 방송의 다양성과 건강성을 고양하는 방안을 찾는 것이 진보의 가치에도 부합한다.

손학규 민주당 상임 고문은 14일 대선 출정식에서 "정치 통합으로 증오의 시대를 마감하고 포용과 화합의 새 정치를 열겠다"며 국민을 하나 되게 하는 통합 대통령을 하겠다고 목소리를 높였다. 문재인 의원은 어제 출마 선언문에서 "네 편 내 편, 편 가르지 않고 함께 가는 진정한 '우리나라' 대통령이 되겠다"고 약속했다. 손 고문의 '대통합'이나 문 의원의 '편 가르지 않고 함께 가는 나라'는 결국 같은 말이다. 그러나 진영 논리에 갇혀 한 발짝도 움직이지 못하면서 국민 대통합 깃발만 높이 든다고 사람이 모이지는 않는다. 특히 문 의원은 노무현 전 대통령의 편 가르기 언론 정책이 국민 분열과 갈등을 심화시킨 사실을 겸허히 성찰하면서 노무현을 넘어서는 화해와 통합의 비전을 보여 줘야 한다.

반대자 설득하는 게 소통 정치

미국의 〈뉴욕 타임스*New York Times*〉는 대표적인 진보 언론이다. 아버지 조지 부시George Bush나 아들 조지 W. 부시George W. Bush가 대선에 나왔을 때 번번이 민주당 대통령 후보들을 지지하는 사설을 썼다. 아들 부시는 유세장에서 마이크가 켜진 줄 모르고 〈뉴욕 타임스〉 기자를 향해 "asshole"(똥구멍 같은 자식)이라고 욕하다 들켰다. 그런 부시도 백악관에 들어가서는 〈뉴욕 타임스〉에 기고하고 〈뉴욕 타임스〉 기자를 전용기에 꼭 태우고 다녔다. 신문 논조가 맘에 안 들어도 직무를 성공적으로 수행하자면 반대자들을 설득해야 하기 때문이다.

채널A에 두 차례 출연한 김부겸 전 의원은 "민주당이 지지층하고만 소통하는 자세는 당당하지도 않고 선거 전략으로도 현명하지 못하다"고 말했다. 민주당은 나꼼수 류하고만 소통하다 총선을 망쳐놓고 아직도 정신을 못 차리고 있다. 박선숙 전 의원의 말대로 "일정 시간이 지난 다음에 종편에 대한 방침을 다시 정해야 한다"면 지금이 바로 그 시점이다.

이정현, 김부겸의 '벽을 넘어서'

2012. 4. 9

광주 서을에 출마한 이정현 새누리당 후보에게 휴대전화를 걸면 인순이의 〈거위의 꿈〉이 신호음으로 흘러나온다. 지역주의라는 강고한 벽을 넘어 하늘 높이 날고 싶은 꿈을 담은 것 같다.

얼음장 녹여 0.7%서 33.2%로

이 후보는 2004년 17대 총선에서 한나라당 간판으로 출마해 고작 0.7%를 득표한 바로 그 지역에 다시 도전했다. 유권자들이 그가 오랜 세월 흘린 땀방울을 알아주기 시작했던지, 1~2일 진행된 지상파 방송 3사 공동 여론 조사에서 이 후보가 33.2%, 통합진보당(통진당) 오병윤 후보가 30.5%를 기록했다.

1988년 한 지역구에서 의원 한 명을 뽑는 소선거구제가 시행된 이후 광주에서 새누리당의 전신前身이었던 당은 단 한 명도 당선자를 내지 못했다. 광주에서 새누리당의 '0.7% 후보'가 8년 만에 오차 범위 내라지만 1위를 달리는 것은 기적에 가깝다. 이 후보는 1995년 광주에서 시의원에 도전한 후 17년 동안 정성을 쏟았다. 그는 "외지인은 이해하지 못하겠지만 새누리당에 대한 광주인들의 정서는 2m 두께의 얼음장처럼 냉랭하다. 나는 계속 입김을 불어넣어 두꺼운 얼음장을 녹이고 있다"고 말했다.

1985년 구용상 의원(민정당)의 비서로 정계에 입문한 그는 정세분석팀장 미디어기획단장 같은 사무처 주요 당직을 거쳤지만 금배지와는 인연이 멀었다. 오매불망 그리던 국회의원 배지를 그에게 달아준 것은 박근혜 새누리당 선거대책위원장이다. 2008년 18대 공천에서 친이계가 친박계를 배제하면서 박 위원장에게 내준 비례대표 몫은 고작 하나였다. 그것도 당선 여부가 불투명한 22번.

박 위원장은 그 22번을 이정현 후보에게 배정했다. 호남 출신으로 한나라당에 들어가 23년 만에 금배지를 달 수 있는 기회였다. 개표 초반에는 한나라당 비례대표 당선권이 18번에서 오락가락하다 종반으로 치달으면서 20번을 겨우 넘어섰다. TV에서는 그의 바로 앞 번호인 21번에서 끊겼다고 뉴스가 흘러나왔다. 그러나 중앙선관위 최종 집계에서 22번까지 당선됐다. 그의 일생에서 가장 피를 말렸던 밤이었다.

이번 19대 총선을 앞두고 민주당은 광주 서을에서 컷오프에 걸린 김영진 의원을 탈락시키고 야권 연대를 위해 후보를 내지 않았다. 광주시민은 보수 진보 할 것 없이 민주당 지지 성향을 보이지만 민주노동당이 변신한 통진당엔 선뜻 마음이 안 간다는 사람들도 있다. 민주당이 후보를 내지 않고 통진당 후보를 찍으라는 것에 "우리가 거수기냐"며 자존심 상해하는 유권자도 상당수다. 이 후보는 이런 덕을 보고 있다.

대구 수성갑에서는 민주당 김부겸 후보가 당은 다르지만 광주의 이 후보와 같은 처지다. 김 후보는 동병상련을 느꼈는지 선거 공보물에 이 후보 이야기를 담았다. 지역주의 극복이라는 대의명분을 놓고 대구와 광주를 경쟁시키자는 뜻도 들어 있을 것이다. 지상파 3사 여론 조사에서 김 후보는 새누리당 이한구 후보에게 10% 이상 밀리고 있다.

지역주의 끊기 몸부림 의미 있다

김 후보는 "유세 때 이명박 대통령을 공격하면 청중이 옆 사람 눈치 보느라 박수를 못 친다"고 지역 분위기를 소개했다. '박근혜 대통령'을 만들자는 정서도 강하다. 김 후보는 무슨 근거인지는 몰라도 "현재 7~8% 지고 있지만 막판 추격이 가능하다"고 말했다. 그는 대구에서 당선에 이르지 못하더라도 의미 있는 득표율을 올리면 정치적 자산이 될 것이라고 판단하는 것 같다.

그가 총선을 앞두고 펴낸 책 《나는 민주당이다》는 'TK 출신 김부겸의 인생과 정치'라는 부제를 달고 있다. 책 서문에 대구 출사표가 담겨 있다. '1980년대 양김 분열 이후 한국 정치는 지역주의의 늪에서 헤어 나오지 못했다. 특히 나 같은 경계인에게는 엄청난 고통이며 장벽이었다. TK 출신이 민주당 정치를 한다는 건 웬만한 강심장으로는 불가능한 일이었기 때문이다. 그래서 지역주의라는 악연을 끊기 위해 몸부림쳐온 것이 나의 정치 역정 그 자체가 돼버렸다.'

김 후보는 민주당에서 비교적 말이 통하는 합리적 온건론자다. 그는 손학규 의원을 지지해 당 대표를 만들었던 일등공신이지만 손 의원은 대선 후보 지지율이 답보 상태다. 오히려 김 의원이 지닌 정치적 자산을 높게 평가하는 사람도 많다.

수도권의 '지방 이주민 사회'를 중심으로 보면 이번 선거에서는 계층 의식, 세대 의식이 두드러지고 3김 정치의 유산인 지역 의식은 상당히 묽어졌다. 그러나 아직도 호남과 TK 본바닥에서는 지역주의의 그림자가 짙다. 광주 이정현, 대구 김부겸 후보가 당선된다고 해서 지역주의 구도가 완전히 깨지지는 않을 것이다. 그러나 이들처럼 의미 있는 도전을 통해 실핏줄 같은 통로가 이곳저곳에서 생기면 국민 화합과 사회 통합이라는 시대적 과제를 해결하는 데 도움이 될 것이다.

안철수, 신기루인가 변화의 바람인가

2011. 9. 19

안철수 씨는 KAIST 기술경영대학원에서 석좌교수로 3년 동안 강의를 하다 금년 6월 서울대 융합과학기술대학원장으로 옮겼다. 안철수, 김미경 부부 교수를 KAIST에 영입했던 이광형 KAIST 바이오 및 뇌공학과 석좌교수는 안 교수가 KAIST를 떠나며 "사회가 정직해져야 한다"는 말을 남겼다고 전했다. 이 교수는 안 교수에 대해 "험한 세상을 겪어 보지 않은 착한 사람"이라며 "안 교수가 대통령감으로 거론되는 것을 보면서 정치, 외교, 안보, 경제가 복잡하게 얽힌 국정이 윤리, 도덕만으로 움직일 수 있겠느냐는 생각을 했다"고 말했다.

안 교수는 넉넉한 환경에서 좋은 부모를 만나 착한 성품을 가꾼 사람이다. 한 인간의 지능이나 신체는 DNA를 통해 물려

받는 부분이 크지만 성격 형성은 사회경제적 성장 배경과 관련이 깊다. '유복한 집안'의 '착한 철수' 이미지를 상징적으로 보여주는 일화가 있다.

"어느 날 학교에 늦어 집 앞에서 택시를 탔습니다. 어머님이 나오셔서 '잘 다녀오세요'라고 하신 거예요. 택시가 출발하자 기사 아저씨가 '형수님이냐'고 묻더라고요. '엄마'라고 대답했더니 놀라면서 '그런데 왜 존댓말을 쓰세요'라고 묻는 거예요."

정병국 전 문화체육관광부 장관이 한 강연에서 "아버지는 경기도 양평 산골의 머슴 출신"이라고 자랑스럽게 이야기하는 것을 들은 적이 있다. 정치인에게는 가난한 집안에서 태어나 어렵게 성공을 이룬 것이 값진 자산이었다. 이명박 대통령이 대선에서 서민층의 높은 지지를 받은 것도 그가 바로 서민의 아들이었기 때문이다. 그러나 풍요 속에서 자란 지금의 IT 세대는 개천에서 용이 난 인간 승리보다는 백신을 무료로 배포한 나눔에서 더 감동을 느끼는 모양이다.

인재 빨아당겨 망가뜨리는 정치

KAIST 기술경영대학원 채수찬 교수는 안 교수 부부의 연구실 사이에 연구실이 있었다. 채 교수는 "작년에 안 교수가 MB정부에서 총리직 제의를 받았다고 토로하기에 장관이나 국회의원으로서 훈련받을 기회가 없었던 명망가가 바로 총리를 하면 경험 부족으로 직무를 제대로 수행하지 못하고 에러를 내기 쉽다"고

조언했다고 한다. 정운찬 전 총리도 그런 사례에 해당할 것이다. 17대 국회의원을 지낸 채 교수는 "안 교수가 정치와 딱 어울리는 사람은 아니다"라고 부연했다.

안 교수에겐 마이클 블룸버그Michael Bloomberg 뉴욕시장이 롤 모델이 될 수도 있다. 안 교수가 대통령으로 가는 중간 단계로 국회의원이나 장관, 광역자치단체장을 거친다면 개인이나 국가로 볼 때 리스크를 줄일 수 있을 것이다. 블룸버그는 기업인으로 입신한 뒤에 막대한 부를 발판으로 뉴욕시장에 도전해 3선에 성공했다. 채 교수는 "안 교수가 대권에 꿈이 있었다면 서울시장에 먼저 도전하는 것이 순서"라며 "퍼블릭 서비스에 대한 욕구는 있지만 권력 의지는 없는 사람"이라고 진단했다.

안 교수가 융합과학기술대학원장을 맡아 석 달 동안 한 일은 융합 과학보다는 융합 정치에 가까웠다. 서울대 공대의 한 교수는 "안 교수가 무척 순진한 사람처럼 보이는데 정치적 발언을 주저 없이 내지른다"며 "서울대 교수들 중에는 그가 정치적 행보를 계속하려면 학교를 떠나야 한다고 생각하는 사람이 많다"고 말했다. 안 교수는 KAIST에 갈 때 부인과 패키지로 갔고 이번에 서울대도 부부 동반이었다. 김미경 교수를 받은 의대 쪽에서는 전공과 논문 실적 문제로 교수들 사이에 논란이 있었다. 의사로서 미국 캘리포니아 변호사 자격을 취득한 경력을 갖고 있지만 부인만 보고 KAIST나 서울대가 교수로 선발하지는 않았을 것이다. 안 교수가 큰 꿈을 꾸고 있다면 지금부터라도 주변의 작은 것까지 관리해야 한다.

안철수에 대한 대중의 기대는 대체로 변화, 나눔, 헌신, 양보, 도전에 대한 갈증으로 풀이된다. 그는 의사에서 벤처 기업인으로, 경영학 교수로 끊임없이 도전하고 변화를 시도했다. 안 교수가 무료로 나눠준 백신을 시장 가치로 환산하면 1조 원가량이라는 분석도 있다. 기존 정치권의 극단적 대립에 염증을 느낀 국민이 안 교수에게서 대안을 발견한 측면도 간과할 수 없다. 기득권 정치판이라면 여론 조사 지지도 50%가 5%에게 양보하는 것 같은 기적은 생길 수 없다.

정치 개혁보다 소중한 권위 축적

대선까지는 1년 3개월이 남았다. 안 교수는 본격적인 검증을 거친 일도 없고 권력 의지도 약하다. 정치적 기반도 없다. 안 교수에 대한 여론의 쏠림이 강력한 지지로까지 연결되지 못하고 한때의 바람에 그칠 가능성이 높은 이유다.

한국이 선진국으로 나아가자면 과학 기술, 비즈니스, 문화 예술 같은 분야에서 세계적인 권위를 축적해 가는 것이 중요하다. 이것은 정치의 개혁에 못지않게 중요한 우리 사회의 과제다. 조금 명성이 높아졌다 싶으면 여론 조사에 올려보고 정치권에서 빨아당겨 결국 인재를 망가뜨리는 일은 말려야 한다.

정치인
오세훈의
손익계산서

2011. 8. 29

언론인 H는 아침 운동을 하러 가는 길에 주민 투표를 했다. 여야가 투표 참여와 거부로 갈려 투표소에 가는 것 자체가 정치 성향을 드러내는 '공개 투표' 같은 기분이 들었다. 하지만 빠듯한 국가 예산을 부잣집 아이들 공짜 밥 먹이는 데 써서는 안 된다는 명분을 곱씹으며 투표소로 향했다.

산술적 계산을 해보면 처음부터 승산이 아주 낮은 게임이었다. 야당이 불참한 가운데 투표율 33.3%를 넘기는 것은 여야가 경쟁하는 선거에서 유권자의 3분의 2(66.7%)가 참여해 과반수 득표를 하는 것과 같다. 1987년 민주화 이후 역대 대통령 선거에서 당선한 후보의 전체 유권자 중 득표율이 31~34%였다. 17대 대통령 선거 때 이명박 후보는 531만 표 차로 대승했지만 전체 유권자의 30.5%를 득표했다. 대통령 선거일은 휴일이고 나라가 요동치는 선거전을 치르는데도 총유권자 득표율 33.3%를 넘기기가 이처럼 힘겹다.

오 전 시장 측은 주민 투표를 앞두고 막판에 서울시장직을 걸면 서울 지역 한나라당 당협위원장들이 비로소 자기 일처럼 움직일 테고 지지자들을 투표장으로 끌어내는 데 도움이 되리라고 판단했다. 이번 주민 투표율 25.7%는 6·2 지방 선거 때 오 전 시장이 얻은 총유권자 득표율 25.4%보다 0.3% 높다. 오 전 시장 지지자들만 고스란히 나와 투표를 한 셈이다. 민주당은 투표 거부 전략으로 무상 급식에 아무런 관심이 없는 기권자까지 자기네 몫으로 챙겨갔다. H는 칼럼을 통해 '주민 투표에 시장직을 걸면 서울시장 신임 투표로 변질될 우려가 있다'고 말려봤지만 '선명하고 강한 승부'를 요구하는 목소리 앞에서 힘을 얻지 못했다. 물론 시장직을 연계하지 않았더라면 투표율은 더 떨어졌을 것이다.

넘을 수 없었던 33.3%의 벽

투표의 내용도 난도難度가 높았다. 투표 용지의 위 칸은 '소득 하위 50%의 학생을 대상으로 2014년까지 단계적으로 무상 급식 실시'였다. 주민 투표장에 나온 한 유권자가 투표 용지를 들고 투표소에 들어갔다가 그냥 나와 "나는 무상 급식 반대인데 어디다 찍어야 하느냐"고 묻더란다. 질문의 내용을 짚어 보면 위칸에 찍으러 온 유권자로 짐작이 됐지만 투표소 선거관리위원은 선거법 위반이 될까 봐 위칸에 찍으라는 설명을 못해 주었다. 이번 주민 투표가 남긴 교훈이 있다면 이해가 복잡하게 엇갈리고 설명이 어려운 복지 포퓰리즘 정책을 주민 투표에 부쳐서는 정확한 민심을 파악할 수 없다는 것이다.

매달 1인당 교육 예산 5만 원이 부잣집 초중고교생의 점심을 사주는 데 쓰이기보다는 학교 시설 개선이나 가난한 집 학생들의 학습을 지원하는 데 활용되는 것이 사회 정의에 부합한다. 미국 일본의 국가 신용 등급 하락과 남유럽 국가의 재정 위기는 재정 건전성을 유지할 수 있는 범위 안에서 복지를 꾸려나가라는 가르침을 주고 있다. 하지만 공짜는 우선 입에 달고 재정 건전성 악화는 멀리 있다. 3무1반(무상 급식, 무상 의료, 무상 보육 + 반값 등록금)의 복지 포퓰리즘이 낳을 폐해를 설명하기는 복잡한데 "우리 경제 수준에서 밥 한 끼 정도는 그냥 먹일 수 있지 않느냐"는 정서적 호소는 살갑게 와 닿는다. 김문수 경기도지사는 민주당이 다수인 도의회와 빅딜을 해 올해부터 31개 시군 전체에서 초등학교 전면 무상 급식을 시행하고 있다.

오 전 시장은 TV 시사 프로그램 사회자로서 얻은 명성을 발판으로 정계에 진출한 뒤 굴곡 없이 고속 성장을 했다. 그래서인지 이번에도 사자의 용맹성은 있지만 치밀함이 부족한 정치인이라는 인상을 주었다. 그는 서울시의회와 대립하며 6개월 넘게 출석을 거부했다. 원칙을 지키면서도 시민이 선출한 시의회 의원들과 대화를 하고, 때론 시의회의 억지에 시달리면서도 임기를 끝까지 꿋꿋하게 채우는 것이 더 나은 선택일지, 식물 시장으로서의 연명을 거부하는 결단을 통해 강렬한 인상을 남길 것인지, 그로서도 고민이 컸을 것이다.

반포퓰리즘 아이콘 될 수도

이번 투표에는 계속되는 물가고苦, 전셋값 폭등, 청년 실업, 빈부 격차 확대에 대한 국민의 평가도 담겨 있었을 것이다. 한 택시 운전사는 "오 전 시장의 택시 정책에 불만이 높아 서울 택시 운전사들은 거의 투표하지 않을 것"이라고 말했다. 이번 투표는 야당이 불참 운동을 벌이면서 여야의 정치 싸움으로 바뀌고 오 전 시장에 대한 지지 여부도 작용했다. 이 때문에 공짜 급식에 대한 서울시민의 의사를 확인해 볼 기회가 사라진 것은 아쉬움으로 남는다.

오 전 시장은 주민 투표 패배 후 한 여론 조사에서 2017년 대선 후보 1위로 떠올랐다. 나라 곳간이 비어 국민이 반포퓰리즘의 아이콘을 요구하는 시대 상황이 전개된다면 다시 정치 무대에 복귀할 수도 있을 것이다. 다만 내년 총선 대선을 앞두고 서울시장직의 중요성이나 주민 투표 과정에서 보여 준 전술적 미숙함을 교량較量해 보면 정치인 오세훈의 손익 계산이 쉽지만은 않아 보인다.

5·16과 5·18

2011. 5. 23

우리 세대는 초등학교에 진학할 무렵부터 대학을 졸업하기까지 박정희 대통령 외에 다른 대통령을 모르고 살았다. 어른들이 "군인들이 피 한 방울 안 흘리고 정권을 잡았어"라고 하는 말을 들은 것이 5·16에 관한 첫 기억이다. 5·16이 국민적 저항을 받지 않고 빠르게 안착할 수 있었던 데는 장면 정부의 국정 혼란과 함께 무혈無血 쿠데타라는 점도 작용했다.

박정희 소장을 중심으로 한 5·16과 전두환 보안사령관 작품인 5·18의 가장 큰 차이는 무엇일까. 거사 과정만을 놓고 보면 둘 다 집권에까지 성공한 군사 반란(쿠데타)이다. 하지만 5·16과 5·18은 결정적 차이가 있다. 12·12와 5·18은 너무 많은 피를 흘렸다. 전두환 신군부는 1979년 12월 12일 밤 육군참모총장을 대통령 재가도 없이 체포하면서 총질을 했다. 5·18에 대해 "당시 상황에서 어쩔 수 없었다"고 '현실론'을 펴는 사람들이 있지만 국립 5·18 민주 묘지에서 잠들어 있는 영령들과 기록물을 보고 나면 그런 말을 할 수 없을 것이다.

나는 12·12와 5·18 세력의 정권이 끝난 뒤 양김 중에서 김영삼 씨가 정권을 먼저 잡은 것은 역사 바로잡기를 위해 잘된 일이라고 생각한다. 두 전직 대통령을 법정에 세워 처벌한 것은 김 전 대통령의 뱃심이기에 가능했다. 5·18로 사형선고까지 받았던 DJ가 단죄에 나섰더라면 정치 보복 논란을 불러일으키고 군부도 들썩거렸을 것이다.

국민이 지도자를 선출하는 제도가 자리 잡기까지는 민주주의의 본적지인 서구에서도 수백 년이 흘렀다. 제2차 세계 대전 이후 신생 독립국에서 군사 쿠데타는 관행적인 정권 교체 방식이었다. 식민지에서 독립한 빈국貧國 중에 쿠데타를 겪지 않고 민주주의 제도를 꾸려나간 나라는 인도가 거의 유일할 것이다.

쿠데타로 경제 발전한 유일 국가

6·25 전쟁이 끝나고 군은 60만 병력으로 확대됐고 군 장교들은 한국 사회에서 교육 수준이 높은 집단이었다. 전쟁을 치르며 장교들은 미군의 앞선 지식과 조직 관리 원리를 습득했다. 1950년대에는 수많은 한국군 장교들이 미국의 군사학교에 파견돼 선진 문물의 세례를 받고 돌아왔다. 젊은 청년 장교들의 핏속에는 낙

후한 조국과 부패한 '똥별' 군대를 개혁하려는 피가 꿈틀거렸다.

반면에 4·19 혁명 덕에 집권한 민주당은 무능하고 신·구파로 분열돼 있었다. 1961~1965년 주한 미국대사를 지낸 새뮤얼 버거Samuel Berger 씨는 "장면 총리는 권력을 이해하지 못했으며 권력을 어떻게 행사하는지 알지 못했다. 1961년 봄 장면의 선출을 환영했던 열광은 침울과 좌절로 변했다"는 비밀 보고서를 국무부에 올렸다. 장 총리가 쿠데타 군의 총소리를 듣고 수녀원으로 도망가 숨어 있는 동안에 5·16은 연착륙했다. 미군정청 경무부장을 할 때 무장 좌익들과 과감히 싸웠던 민주당 구파의 조병옥 씨(1960년 서거)가 총리였더라면 소수파 군인들에게 그처럼 어이없게 정권을 내주는 일은 없었을 것이라는 관점도 있다.

5·16 세력은 수출 주도 성장, 중화학공업 육성 전략을 통해 한국인을 절대 빈곤에서 해방시키고 지금 세계 시장을 주도하는 한국 경제의 초석을 다졌다. 한국은행이 우리나라 국민 소득 통계를 처음 집계하기 시작한 1953년 67달러이던 1인당 국민 소득이 1977년 1000달러를 넘어섰다. 1977년 12월에는 100억 달러 수출을 달성했다. 1964년 11월 30일 1억 달러 수출을 기록한 지 13년 만이었다.

1970년대 학번들은 대체로 박 대통령에 대한 부정적 인식을 갖고 대학 시절을 보냈다. 3월에 개학해 늘 4월이면 최루 가스 연기가 교정에 난무했고 5월이면 교문이 닫혔다. 유신을 비판하다 걸리면 학생은 대학에서, 아버지는 직장에서 쫓겨났다. 하지만 1970년대 학번들 중에도 사회에 진출한 후 경제 활동을 꾸리면서 박 대통령에 대한 인식을 수정한 사람이 많다.

소득 향상이 민주화 의식 깨웠다

박 대통령의 과過는 1972년 10월 유신이 가장 크다고 본다. 유신 체제에서 국회, 사법, 언론이 제 기능을 못하고 민주주의의 후퇴라는 폐해가 커졌다. 경제 성장과 교육으로 깨어난 국민 의식이 더 이상 폭압적인 통치를 원하지 않음을 박 대통령도 깨닫지 못했다. 이런 상황에서 부마 사태에 이어 궁정동의 총성과 함께 절대 권력의 공백이 생기자 민주화로 순조롭게 나아가지 못하고 신군부가 튀어나왔다.

5·18 세력은 국민의 소득과 의식 수준이 높아진 시기에 대량 살상과 구금, 인권 유린, 해직, 공포 분위기 조성을 통해 정권을 장악해 민주화를 지연시켰다. 군인들이 탱크와 총으로 헌정을 중단시킨 쿠데타를 찬양할 수는 없지만 5·16과 5·18은 구분돼야 한다. 남미와 아시아, 아프리카에서 쿠데타가 빈발하던 시절에 군부가 집권해 세계의 찬탄을 산 경제 기적을 이룬 것은 5·16이 유일하다.

채널A 〈황호택의 눈을 떠요〉

출연 **홍문종** 새누리당 의원 **김행** 위키트리 부회장 **박민혁** 채널A 정치부 기자 | 2012. 12. 31

"진영 부위원장 말씀은 지역구민의 뜻을 잘 아는 국회의원이 각료로 들어가야 된다는 말을 하신 것 같은데, 사실 국회의원들이 장관하고 싶어서 하는 말 아닙니까?"

_ 홍문종 새누리당 의원과의 대담 중

출연 **최창렬** 용인대 교수 **김행** 위키트리 부회장 **최우열** 채널A 정치부 기자 | 2013. 1. 4

"인수위원에 어떤 분들이 거론되고 있습니까? 신문마다 달라서 저희도 혼란스럽습니다. 자가발전自家發電도 있으니까요. 기자들한테 '내 이름 좀 넣어달라'고…… 그런데 박근혜 당선인한텐 안 통할 거예요."

"(국회의원 외유 논란에 대해) 우리 서민들은 영하 10도의 추위에 떨고 있습니다. 이런 국가 돈을 가지고 따뜻한 나라로 가는 사람들을 강창희 국회의장이 소환할 방법 없습니까?"

言中有骨 4

"오늘 〈동아일보〉 1면 톱기사에 투 캅스가 아니라 투 잡스 기사가 났어요. 국회의원들이 교수를 겸직하거나 변호사를 겸직하거나 기업체 대표를 겸직해도 괜찮으냐, 물론 장관은 겸직해도 됩니다. 국회의원이 배지 달고 법정에서 변론하고 남의 문서에 서명해 주고 그래서야 되겠습니까?"

"어려운 의원들은 조금 도와줄 수 있지만, 공무원연금 받고, 국민연금 받고, 의원 연금 받는 것은 문제가 있어요. 예로 정몽준 의원 같은 분들이 65세부터 120만 원 받으셔야 되겠습니까? 그분은 물론 반납하시겠지만."

_ 김행 위키트리 부회장과의 대담 중

출연 **황주홍** 민주통합당 의원 **김한표** 새누리당 의원 | 2013. 1. 10

"(김영삼 전 대통령 경호 시절 토크 중) 체격이 단단해 보이시는데, 경호를 하려면 무술도 좀 해야 하는 거 아닙니까? 검도 초단에 합기도 4단이시죠. (국회) 몸싸움이 없어져야 하는데요. 18대 국회 들어오셨으면 역할 한 번 하시는 건데……"

_ 김한표 새누리당 의원과의 대담 중

"경찰 출신이 의원이 돼서 법을 다루기 시작하면 검찰 쪽이 불리하지 않을까 해서 경찰 출신들이 의원에 입후보하면 검찰의 선거 감시가 훨씬 가혹하다는데요, 16대 때도 옥고를 치르지 않았습니까? (검찰이) 확대경으로 더 보는 거죠?"

_ 김한표 새누리당 의원과의 대담 중

"택시기사들이 어떤 때 보면 대부분이 정치 평론가예요? 여론 전파 기능이 굉장히 강한 거 같아요. 정치권에서 여야를 막론하고 택시기사들이 결집된 힘을 두려워하는 거 같아요? 택시법도 그 소산 아닌가요?"

_ 김한표 새누리당 의원과의 대담 중

19대 국회에서 초선의원은 전체 300명 중 절반에 가까운 148명입니다. 오늘은 새누리당 김한표 의원, 민주당 황주홍 의원 모시고 정치 소신을 들어봤습니다. 초선 의원들이 아무쪼록 초심을 잃지 말고 국회 개혁에 앞장서라는 국민의 기대를 채워주길 바랍니다.

_ 클로징 멘트

출연 **강지원** 변호사 **천상철** 채널A 정치부 기자 | 2013. 2. 21

"(김병관 국방장관 후보자 의혹 논란에 대해) 준당 소장, 중장, 대장 그러잖습니까? 그 위에 병장이 있다고 하죠? 저도 병장 출신입니다. 작대기 네 개죠. 김병관 후보자는 별이 네 개 아닙니까? 육군 대장이면 정말 육군사관학교를 나와서 육군 소위로서 대장까지 올랐으면 굉장히 자랑스럽고 그것만으로도 군인 연금 받으면서 명예롭게 사시면서 후배들한테 모범을 보이는 길이 있을 텐데요. 이분 너무 (의혹이) 많이 나오고 있어서 어떻게 보면 박근혜 내각의 이미지가 이분 하나로 인해서 혹시 흐려지는 거 아닌가 하는 걱정이 되는데요?"

_ 강지원 변호사와의 대담 중

청문회의 계절입니다. 청문회가 신상 털기라는 부정적 시각에도 불구하고 우리 사회 지도층의 도덕적 책무를 고양시키는 계기가 되는 것은 분명합니다.

_ 클로징 멘트

출연 **박계동** 전 한나라당 의원 | 2013. 2. 22

"아침 신문에 보니까 요구르트 아줌마들의 한 달 수입이 150만~180만 원 된다고 합니다. 주로 가정주부들이 하죠. 택시운전사하고 수입이 비슷해요. 그런데 (택시 지원법 이야기는 나오는데) 요구르트 아줌마 지원법을 만들자고는 이야기 안 하거든요?"

_ 박계동 전 한나라당 의원과의 대담 중

출연 **조명철** 새누리당 의원 **김경재** 전 국민대통합위원회 수석부위원장 | 2013. 2. 27

대통령 선거에서 등장했다가 취임사에서 사라진 말이 바로 대통합인데요. 그렇지만 대통령 직속 기구로 대통합위원회를 둔다고 합니다. 박근혜 대통령은 아버지 박정희 대통령이 못 이룬 대통합의 주춧돌을 놓는 대통령이 되기를 바랍니다.

_ 클로징 멘트

5

‘소년 황제’의 마지막 행로

개성공단 신뢰 프로세스

2013. 4. 11

개성공단에서는 북한 근로자들에게 밥을 주지 않고 국만 제공한다. 사정을 잘 모르면 우리 기업들이 인색하다고 오해할 수도 있다. 남북 협약 때 식사 제공 대신에 인건비를 올려 달라는 북의 요구 때문에 그렇게 됐다. 근로자들은 도시락과 찬거리를 싸온다. 대부분의 기업에서 쇠고기, 돼지고기, 북엇국을 3일 간격으로 번갈아 낸다. 북한 근로자들은 밥을 국물에 말아먹기 전에 고깃덩어리를 건져내 가족에게 갖다 주려고 도시락에 담는다. 북한 근로자들은 개성공단에 출근하기 시작한 지 석 달만 지나면 얼굴에 부옇게 기름기가 돈다.

개성공단에서 간식으로 주는 초코파이는 북한 장마당의 주요 상품이 된 지 오래다. 개성공단에서 하루 풀리는 초코파이는

40만 개. 뜨뜻한 물에 초코파이를 풀어서 먹으면 어느 정도 허기를 달랠 수 있다. 유통기한이 6개월인 초코파이가 여러 경로를 거쳐 함경북도 장마당에서도 팔리고 있을 정도다.

북한은 북한 근로자의 임금을 통해 연간 약 9000만 달러를 거둬들이고 있다. 이 돈을 무역을 통해 벌자면 수십억 달러를 수출해야 할 판이다. 북한의 무역 규모나 국내총생산(GDP)에 비춰 쉽게 포기하기 어려운 돈이다. 북한은 "괴뢰역적들이 외화 수입의 원천이기 때문에 손을 대지 못한다느니 하며 우리 존엄까지 모독하고 나서고 있다"고 발끈했다. 한국 언론이 이 이야기를 어제오늘 쓰는 것도 아닌데 공연한 트집을 잡고 있다.

2009년에는 한미 연합 군사 연습인 키리졸브에 반발해 입출경入出境을 다 닫는 일을 3차례나 반복했지만 이번에는 남에서 북으로 가는 인원만 막았다. 북한도 개성공단에 잔류한 남측 인원이 인질로 비치는 상황을 피하고 있다고 볼 수 있다. 북한이 지금은 벼랑 끝 전술을 펴고 있지만 개성공단을 폐쇄하지 못할 것이라고 보는 근거 가운데 하나는 개성공단이 김정일의 유훈遺訓 사업이라는 점이다. 김정일은 "개성공단에 인력이 모자라면 한두 개 사단을 해체해서라도 인력을 공급하겠다"고 남측 관계자에게 말한 적이 있다.

공단에 근무하는 북한 근로자가 받는 임금은 평균 150달러. 북한은 2009년 6월 남북 당국 간 회담에서 토지 임대료를 5억 달러, 평균 임금을 300달러, 현재 5%인 임금 인상률 상한선을 10~20%로 올려 달라고 요구한 적이 있다. 북한의 개성공단 폐쇄 협박은 이러한 현금 수입 증대를 노린 것이라고 보는 분석도 있다. 그러나 개성공단 상황이 안정돼야 임금 인상 협상도 할 수 있을 것이다.

물론 개성공단을 통해 북한만 일방적으로 득을 보는 것은 아니다. 개성공단이 문을 닫으면 입주 중소기업 123개사는 2조 원대에 이르는 매출 손실을 입는다. 개성공단의 한국 기업들은 생산에 필요한 원부자재를 모두 남쪽에서 가져다 쓴다. 입주 기업과 연계된 협력사만도 3000여 개에 이른다. 중국에서 한국 기업이 현지인 한 명을 채용하자면 30만 원가량 들지만 개성공단에서는 15만 원이다. 북한 근로자들은 말이 통하고 교육 수준이 높아서 불량률도 적다.

개성공단은 북한 주민에게 시장 경제의 학습장이다. 관광객들이 입산료를 내고 북한 주민과 일절 접촉이 없는 상태에서 경치만 둘러보고 돌아오는 금강산 관광과는 다르다. 개성공단 사무실에서 쓰는 복사지도 한국 것이다. 북의 교과서는 질이 떨어지는 신문용지다. 북한 당국도 이러한 사정을 뻔히 들여다보고 있으면서도 개성공단 가동을 허용했다.

현재 개성시와 개풍군 주민 중에 일할 능력을 갖춘 사람은 모두 개성공단에서 일하고 있다고 해도 과언이 아니다. 개성공단이 인력을 늘리려면 더 먼 곳에서 인력을 데려올 수밖에 없어 한국이 기숙사를 지어 줘야 한다. 지금도 공단 근로자 출퇴근 버스 278대를 모두 한국이 지원하고 있다. 현재의 전쟁 위협 분위기가 사라지고 나면 박근혜 대통령이 한반도 신뢰 프로세스를 실험할 수 있는 유일한 곳이 개성공단이다.

유엔 제재 결의는 군사무기나 민군民軍 이중 용도의 첨단 제품은 물론이고 사치품의 북한 반입도 막고 있다. 김정일에 이어 김정은이 파워 엘리트들의 충성심을 확보하는 선물로 이용하고 있다는 이유에서다. 사치품이 직접 우리의 안보를 위협하지는 않는다. 그들이 사치스러운 생활에 익숙해질수록 달러가 아쉬울 것이라는 점에서 사치품 반입 금지는 현명한 제재가 아닌 듯하다. 개성공단을 통해 북에 들어가는 달러는 김정은의 통치자금으로 쓰이고 군과 당의 최고 엘리트들에게도 분배되겠지만 북한 경제의 남한 의존도를 심화할 것이다.

개성공단의 명맥이 바람 앞의 등불 같다. 북이 개성공단 폐쇄라는 마지막 카드를 아직 남겨 두고 있어 일말의 기대가 남아 있긴 하다. 천방지축으로 날뛰는 북한을 안정적으로 관리하자면 우리 쪽에서 개성공단을 조심스럽게 다룰 필요가 있다. 이것을 눈치 채고 북이 더 협박의 강도를 높여가는 것인지도 모르지만.

'아랫동네 한류'에 흔들리는 핵보유국

2013. 2. 28

민중의 지지 기반을 잃어버린 독재 정권이 망하는 것은 핵무기 보유 여부와 관련이 없다. 핵은 외부의 적대국을 겨냥한 무기다. 내부에서 일어나는 민중의 저항을 핵으로 막을 수는 없다. 민중이 등을 돌리면 소련처럼 핵을 갖고 있어도 망하고, 리비아의 무아마르 카다피Muammar Kadafi처럼 핵개발을 포기해도 망한다.

김 씨 왕조가 흔들리는 조짐은 한국 영화와 드라마, 오락 프로그램이 북한 내에서 공공연하게 유행하는 것에서도 확인할 수 있다. 탈북자 인터넷 신문 〈뉴 포커스〉에 따르면 북한 주민 사이에선 "아랫동네 꺼(것) 있냐"는 말이 유행하고 있다. '아랫동네 꺼'는 한류 콘텐츠를 지칭하는 은어다. 한국의 유명 관광지가 배경으로 등장하는 〈해피선데이 — 1박2일〉도 북한에서 인기를 끌고 있다. 과거에는 '아랫동네 꺼'를 갖고 있거나 시청하면 총살 한다고 엄포를 놓았지만 지금은 간부집 자녀들이 더 많이 본다. 이들을 다 총살했다간 체제 유지가 안 될 판이다. 탈북자들은 "단속하는 안전부 보위부 놈들이 먼저 본다"고 말했다.

북한은 전력 사정이 나빠 영화 한 편 보는 동안에도 전기가 나갔다 들어왔다 한다. 장사 수완이 좋은 화교 상인들은 배터리를 부착한 DVD 플레이어를 개발해 북한으로 들여오고 있다. 가격은 한국 돈 2만 원 정도. 북한의 컴퓨터 보급 대수는 400만 대이고 휴대전화는 150만 대로 추산된다. DVD보다 작아 숨기기 편하고 많은 양을 담을 수 있는 USB도 활발하게 유통된다.

시장의 힘도 커지고 있다. 직장에 나가면 행사에 동원되고 행동에 구속을 받지만 월급은 질 나쁜 쌀로 받는다. 하지만 직장을 때려치우고 시장에 나간 사람들은 3, 4일 고생해서 번 돈으로 질 좋은 쌀을 살 수 있다. 과거엔 김일성, 김정일을 접견한 사람들이나 귤 한 상자를 선물받을 수 있었다. 지금은 시장에서 돈을 번 사람들이 언제든지 중국을 통해 들어온 귤을 살 수 있다. 충성을 확보하는 선물 정치의 힘이 약화되고 있다.

물론 북한 주민은 인터넷을 이용할 수 없기 때문에 트위터나 페이스북을 이용한 재스민 혁명*Jasmine Revolution** 같은 것은 기대하기 어렵다. 하지만 지방 도시에서도 '아랫동네 꺼'를 다 돌려 보는 판이니 내부적으로는 멍들고 있다. 북한의 핵실험은 결국 외부용이기도 하지만 이처럼 흔들리는 권력층과 주민을 결속

시키기 위한 내부용이기도 하다.

2012년 북한 개정헌법에는 '핵보유국'이라고 못을 박았다. 김정은과 북한의 지도층은 김정일의 유훈에 따라 핵을 보유해야만 김씨 왕조가 생존할 수 있다고 철석같이 믿고 있다. 북한 핵탄두의 소형화, 경량화輕量化가 완벽한 수준은 아니고, 대기권 재진입 장치를 갖춘 대륙간탄도미사일(ICBM) 개발에는 이르지 못한 것으로 추정된다. 그러나 이것은 미국이 신경 쓸 일이다. 김희상 한국안보문제연구소장(예비역 육군중장)은 "재래식 폭약과 방사능 물질을 뒤섞은 더티 봄*dirty bomb*만으로도 한국에 심대한 타격을 줄 수 있다"고 말했다.

천영우 전 외교안보수석비서관은 이명박 정부에서 남북 정상회담 대가로 북한이 5억~6억 달러를 요구했다고 털어놓았다. 천안함 폭침과 연평도 포격을 연결 지어 보면 김대중 노무현 정부에서 얻어먹는 데 이골이 난 북한이 남북 정상회담을 거부한 이명박 정부에 보복을 했다는 해석도 배제하기 어렵다. 이젠 핵을 가졌으니 5억~6억 달러로는 성에 차지 않을지도 모른다.

치안이 불안한 남미의 바나나 국가**에는 자릿세를 내지 않는 업소에 기관총을 난사하는 마피아들이 있다. 마피아들은 자릿세로 뜯은 돈을 조직원들에게 배분해 충성을 확보한다. 북한이 외제 사치품으로 핵심 집단의 충성을 매수하는 것과 마찬가지다. 북은 세계가 인정하는 불량 국가*rogue state*다. 마피아 국가가 핵까지 보유했으니 정말 '언터처블*untouchable*'이 돼버렸다. 천안함 식으로 얻어맞지 않으려면 스물아홉 살짜리 독재자에게 계속 갖다 바쳐야 할 것인가.

잃을 것이 없는 북한과 싸워봤자 잃을 것이 많은 우리만 손해라는 생각은 패배주의에 빠지기 쉽다. 깡통 국가인 북한 자체로는 잃을 것이 없지만 김정은을 중심으로 한 권력 집단은 잃을게 무지하게 많다. 따라서 김정은이 '핵을 포기하지 않으면 정권이 무너지겠구나' 하는 두려움이 들어야만 북핵 억제 정책이 효력을 발휘할 수 있을 것이다. MB정부의 고위 안보관계자는 "북한이 남북 협상에서 심리전 중단을 집요하게 요구했다"고 말했다. 전단 살포를 비롯한 대북 심리전은 북한 체제의 기반을 뒤흔드는 우리의 비대칭 전력이라고 할 수 있다.

북핵에 대처하기 위해 우리가 핵무장을 할 수도 없고, 북핵 시설에 정밀 타격을 하기도 어렵다. 유엔을 통한 국제적 제재도 잘 통하지 않는다. 북한 핵을 포획하는 가장 확실한 방법은 북한 정권을 무너뜨리는 것이다. 대화와 억제를 병행하면서 김정은 집단을 주민과 분리시키고 정권의 기반을 흔드는 작업을 해야 한다. 북한 정권은 은하 3호를 쏘아 올리고 핵실험에 성공했다고 떠들지만 정권 자체로 보면 분명히 실패의 길로 들어서고 있다.

* 2010~2011년 튀니지에서 23년간 독재를 한 벤 알리 정권에 반대해 일어난 민주화 혁명을 말한다.

** 바나나를 비롯한 한정된 1차 산업품 수출 의존적인 국가들(엘살바도르, 벨라스, 온두라스 등 중앙 아메리카의 여러 작은 나라)을 가리킨다. 이들은 미국 등 외국 자본에 통제받으며 독재 정권하에 있다.

단종(11), 카다피(27), 그리고 김정은(29)

2012. 1. 30

고종은 21세 때 한 살 위인 명성황후의 도움을 받아 대원군의 섭정을 밀어내고 왕권을 확립했다. 군주국에서 제왕의 나이는 중요한 의미를 지닌다. 단종은 11세에 등극해 14세 때 38세이던 숙부 수양대군에게 왕좌를 빼앗겼다. 세종은 21세에, 영조는 30세에 왕위에 올랐다.

북한은 3대 세습의 왕조 국가다. 북한은 김정은의 나이를 30세라고 알리고 있으나 여러 증언을 종합해 보면 1983년생(돼지띠)이다. 29세의 나이로 민주 국가에서 선출직 대통령이나 총리를 하기는 어렵지만 독재 국가에서 군권軍權을 장악해 국가를 통치해 나가는 데는 무리가 없다. 리비아의 무아마르 카다피는 27세에 쿠데타로 집권해 42년 동안 철권 통치를 휘둘렀다.

김정은의 이복형 김정남은 2004년부터 최근까지 일본 〈도쿄신문〉의 고미 요지 편집위원과 100여 회 이메일 대화를 주고받았다. 김정남은 이메일에서 "할아버지(김일성)를 많이 닮았다는 사실만으로 주민에게 어느 정도 받아들여질지 걱정이 된다. 외모만 닮은 김정은은 상징적인 존재에 불과하며 기존 파워 엘리트들이 권력을 주도할 것"이라고 분석했다. 김정은을 집단 지도 체제의 실권 없는 간판 정도로 보는 인식이지만 액면 그대로 받아들이기 어렵다. 김정남의 북한 분석은 때론 예리하지만 김정은에 대해서는 이복형제의 경쟁 심리가 작용해 판단에 영향을 미치는 인상을 준다. 김정남이 해외로 떠도는 동안 김정은은 아버지로부터 권력 기관을 이용하고 측근들을 조종하는 제왕학을 집중적으로 전수받았을 것이다.

해외 유학파의 개혁 개방 미지수

왕조 시대에 부왕이 반석 같은 나라를 물려줬어도 아들의 역량이 모자라면 유지할 수 없는 것이 동서고금의 진리다. 김정은은 '중상' 정도의 지도 능력을 갖고 있고 국가 현안을 잘 파악하고 있는 것으로 정보 당국은 추정하고 있다. 김정은은 새해 들어 군부대를 여섯 번 시찰하면서 김정일의 선군先軍 정치를 이어갈 것임을 과시했다. 김정은의 군부대 시찰에는 김정일의 장례 기간 중 인민군 대장이 된 장성택이 자주 수행하고 있다. 장성택은 북한에서 김정일 말고는 유일하게 인맥을 관리한 사람이다. 군

맥軍脈도 두껍다. 그의 둘째 형과 셋째 형도 인민군 차수와 중장을 지냈다.

김정일의 여동생 김경희는 김일성대 경제학부 동기생이던 장성택을 결혼 상대로 찍어 벼락출세를 시켜 주었다. 인품이 고매한 사람들이 아니면 부부 간에도 권력이 작용한다. 김정일의 호화 파티에서 술 취한 김경희가 반말로 "야, 장성택" 또는 "어이, 장 부장"이라고 부르며 술을 권하면 장은 순종하는 모습을 보였다고 복수의 목격자가 증언한다. 김정은의 고모인 김경희는 장성택과 김정은 사이에 권력 투쟁이 벌어지면 조카 편을 들 것이라는 분석이 나온다. 올해 66세 동갑인 장성택, 김경희 부부 사이에 후사가 없는 점도 이러한 관측을 뒷받침한다. 둘 사이에 난 딸(금송)은 2006년 프랑스 파리에서 유학 중 자살했다.

장성택은 권력의 냉혹함과 화려함을 다 맛본 인물이다. 장성택은 측근들과 호화 파티를 벌이다 김정일의 눈 밖에 나 강선제강소로 쫓겨가 일반 노동자들과 똑같이 노역을 한 적이 있다. 장성택을 가까이서 모신 탈북자는 "장의 다리에 수십 군데 화상을 입은 흉터가 남아 있다"고 증언했다. 장성택이 제강소에서 쇳물을 나르다 넘어져 생긴 상처다. 제강소의 지옥에서 그를 구해준 것은 성혜림(김정남의 어머니)과 김경희였다. 일인지하一人之下 만인지상萬人之上의 권력을 가진 사람이 수양대군을 흉내 내 위험한 도박을 벌이리라고 보기는 어렵다. '백두의 혈통'으로 대를 잇는 수령제 국가에서 곁가지가 줄기를 대체할 수도 없다.

김정은은 스위스 베른 인근의 공립학교에서 4년 동안 공부했다. 그의 유학과 해외 견문을 들어 개혁 개방으로 나아가지 않겠느냐는 관측이 있다. 하지만 공산주의 지도자들의 해외 경험이 반드시 개혁 개방으로 이어지지는 않았다. 프랑스 파리에서 1918년부터 6년 동안 유학했던 덩샤오핑은 마오쩌둥 사후 집권해 중국의 개혁 개방을 선도했다. 반면에 1949~1953년 파리에 유학했던 캄보디아의 폴 포트Pol Pot는 후일 100만 명을 죽인 킬링필드의 주역이 됐다. 아버지가 물려준 정권을 지탱하기 위해 시위 군중 5000여 명을 학살한 시리아의 바샤르 알아사드Bashar al-Assad 대통령은 영어와 프랑스어를 능통하게 구사하는 영국 유학파다.

김정은이 중국식의 개혁 개방을 놓고 고민하더라도 체제 위협 때문에 쉽게 결단을 내리지는 못할 것이다. 김정남은 "북에서 후계 구도가 실패하면 군이 실권을 쥘 가능성이 높다"고 전망했다. 김정은에겐 군을 확실하게 장악해 권력 기반을 다지는 일이 가장 급할 것이다. 그러나 개혁 개방을 망설일수록 주민의 고통이 커지고 체제 불안도 멈추지 않을 것이다.

인민과 유리된 황태자들의 나라

2011. 1. 3

김일성의 생가가 있는 평양 만경대는 산천경개가 아름다워 조선시대 부자와 벼슬아치들이 묘를 많이 썼다. 김일성은 대대로 소작살이를 하던 묘지기의 자손이었다. 묘지기는 지주나 벼슬아치의 조상 묘를 보살펴 주고 묘에 딸린 논밭을 경작해 생계를 꾸리던 하층 농민이다. 김일성 회고록 《세기와 더불어》(조선노동당 출판사)에는 묘지기 집안의 곤궁한 삶이 묘사돼 있다.

"할아버지(김보현)는 등잔불 밑에서 새끼를 꼬고 짚신을 삼고 멍석을 틀었다. 할머니(이보익)도 밤마다 물레질을 했다. 어머니(강반석)는 낮에는 밭에서 종일 김을 매고 밤에는 무명낳이를 하셨다. 집에 벽시계도 없었다. 숭실중학교에 다니는 남편(김형직) 등교 시간에 맞추어 아침밥을 짓느라 어머니는 뒷집에 가서 주인을 깨우기 미안해 울타리 밖에 쪼그리고 앉았다 시계종이 땡땡 치는 소리를 듣고 시간을 알아오셨다."

김일성은 자신의 독립투쟁 행적과 아들 김정일의 출생지 등에 관해 과장과 날조를 예사로 했지만 회고록의 이 대목은 사실일 것으로 생각된다. 이 시기에는 대부분의 백성이 간신히 입에 풀칠을 하고 살았다. 김일성 일가는 만주로 이사 가서도 윤택한 삶을 꾸리지 못했다.

김일성과 자식 손자가 다른 점

김일성은 그래도 어려서부터 인민의 굶주림과 헐벗음을 보고 겪으며 자라 민생을 이해할 수 있었다. 그는 농촌 시찰을 나가면 모를 심고 벼를 벴다. 농가의 부엌에 들어가 솥뚜껑도 열어보았다. 다른 말은 몰라도 김일성이 "모든 인민人民에게 쇠고깃국에 이밥(쌀밥)을 먹이는 것이 소원"이라고 했다는 유훈은 진심이라고 믿고 싶다.

아버지와 달리 김정일은 어린 시절부터 황태자였다. 누구든지 자기가 체험하지 않은 것에는 공감 뉴런(신경세포)이 잘 작동하지 않는다. 자유북한방송 대표 김성민 씨는 "북한의 방송과 신문에 나오는 것이 온통 김정일 사진인데 곤궁한 삶의 현장을 시찰하는 장면을 한번도 본 적이 없다"고 말했다. 김정일이 군부대 돌아다니듯이 농촌을 시찰했다면 아마 북의 식량난이 풀렸을지도 모른다.

김 대표가 황해북도 신계군 주체포 군단에서 근무할 때 김정일이 방문했다. 군의 보급 사정이 형편없어 몇 년씩 쓴 몽당 칫솔에 치약은 바닥을 드러낸 지 오래였다. 김정일이 오기 몇 시간 전에 후방부(보급부대)가 들이닥쳐 사병들이 쓰는 칫솔 치약을 잽싸게 새것으로 바꿔 놓았다. 김정일은 새 치약과 칫솔을 보고 기분이 좋았던지 "후방부에서 일을 잘하고 있군"이라고 칭찬했다. 그는 "김정일이 인민이 어렵다고 어렴풋이 짐작은 하지만 구체적인 내용은 잘 모를 것이다. 김정일에게 듣기 좋아하는 말만 하느라 간부들이 통계를 조작하고 사실대로 보고를 하지 않을 수도 있다"고 말했다.

김정일은 "나는 대외 사업과 군을 담당할 테니 경제는 간부들이 맡아서 하라"는 말을 한 적도 있다. 인민이 끼니를 거르든 나무껍질을 벗겨 먹든 김정일의 관심은 온통 세습 왕조 체제의 유지에 쏠려 있다. 북의 관리들을 다수 만난 자선단체 대표는 "1994년 김일성이 죽고 나서 고난의 행군이 찾아온 것도 우연이 아니다"라고 말했다.

김정일은 최고급 코냑과 위스키 와인은 물론이고 식재료까지 수입해 식도락과 호화 생활을 즐긴다. 김정일의 요리사였던 후지모토 겐지藤本 健二가 최근 《북한의 후계자 왜 김정은인가?》(맥스미디어)라는 책을 펴냈다. 그처럼 김정일 일가를 13년 동안 가까이서 지켜본 사람은 북한에도 많지 않다. 김정일은 다랑어의 기름기 많은 뱃살로 만든 스시, 뱀장어 위에 캐비아를 얹은

'뱀장어 아카비아,' 상어 지느러미를 좋아한다. 그는 측근들과 파티를 열다가 브랜디 파라디스 100g을 석 잔 마시는 사람에게 1500달러를 주는 식으로 상금을 뿌려 측근을 관리한다. 홍이 오르면 무용수들을 전라全裸로 만들고 간부들과 춤을 추게 하면서도 "춤을 추는 건 좋지만 만져서는 안 돼. 만지면 도둑이야"라고 말했다. '자연재해도 전쟁도 아닌 평화의 일상 속에서 300만 명이 굶어죽은 나라'(탈북 시인 장진성)의 지도자가 인민의 딸들을 사랑하는 방식이다.

철옹성에 싸인 그들만의 천국

김정은도 아버지처럼 인민의 고통을 모르고 자란 황태자다. 북한은 김정은이 어머니 고영희(2004년 유방암으로 사망)와 함께 살던 주택을 새로운 후계자의 역할에 맞게 재건축하고 있다. 선명하게 찍힌 인공위성 사진으로 확인한 것이니 의심할 여지가 없다. 강원도 송도원에 짓는 김정일 일가의 별장은 100m 깊이의 바닷속을 관찰할 수 있는 관망대를 갖추었다. 김정은이 후계자로 부각한 이후 2000억 원에 가까운 돈을 들여 새로 짓는 주택과 별장은 인민의 삶과 동떨어진 그들만의 천국이다. 3대 세습 체제가 무너져야만 북한은 변화할 수 있다.

'소년 황제'의 마지막 행로

2010. 10. 25

27세 청년이 북한의 황태자로 등극하는 모습을 보며 〈마지막 황제*The Last Emperor*〉(1987, 베르나르도 베르톨루치) 푸이를 연상했다는 사람이 많다. 푸이는 세 살에 청나라 12대 황제 자리에 올랐으나 1912년 신해혁명으로 재위 4년 만에 쫓겨났다. 북한의 후계자 책봉식에 초청받은 서방 기자는 김정은을 마지막 황제에 빗대 '소년 황제*boy emperor*'라고 불렀다. 북한은 아버지 김정일이 정권을 물려받을 때만 해도 같은 사회주의 진영과 중국 소련이라는 든든한 후견 세력이 버텨 주고 있었지만 지금은 국제 사회의 제재를 받는 고립무원孤立無援의 처지다.

책봉식이 열린 김일성광장에서 탱크와 미사일이 위용을 과시하고, 트럭에 탄 여성 공수부대원들은 사열대에 서 있는 김정일, 김정은 부자를 보고 눈물을 글썽거렸다. 그러나 평양 시내에서는 "주민이 가위로 도로변 잡초를 자르고, 집에서 쓰던 빗자루와 걸레로 아스팔트 도로를 쓸고 닦고 있었다"고 영국 BBC 방송의 마이클 브리스토Michael Bristow 기자가 보도했다.

폴 케네디Paul Kennedy 미국 예일대 교수는 저서 《강대국의 흥망*The Rise and Fall of the Great Power*》에서 국가 자원의 너무 많은 부분을 생산적인 것에서 빼내 군사적 목적에 쓰게 되면 국가의 쇠퇴를 부른다고 지적했다. 전쟁의 승리는 대부분 경제적으로 강한 나라에 돌아갔으며 군사적으로 가분수인 나라는 패배할 수밖에 없었음을 역사적 사례를 통해 케네디 교수는 논증하고 있다. 소련의 멸망도 그런 사례다. 북한도 경제력에 비해 엄청난 가분수인 선군先軍에 의해 무너질 수밖에 없는 구도다.

가분수 선군은 반드시 망한다

한 시대가 마감할 때 비운의 최고 권력자가 어떻게 처신했느냐에 따라 자신의 안위는 물론이고 국가 전체에도 엄청난 영향을 미친다. 일본 에도막부幕府의 마지막 쇼군 도쿠가와 요시노부德川慶喜(1837~1913)도 흥미로운 사례다. 그는 1866년 제15대 쇼군이 됐으나 당시 일본을 휩쓸던 막부 타도 흐름에 밀려 1867년 국가 통치권을 왕에게 반환하는 대정봉환大政奉還으로 막부의 막을 내렸다. 그는 메이지 신정부군이 에도로 쳐들어오자 신하인 가쓰 가이슈에게 사태 수습을 맡기고 절에 들어갔다.

막부의 붕괴는 봉건 제도의 종언과 일왕 중심 중앙 집권적 근대 국가의 탄생을 의미했다. 부국강병의 기치 아래 근대화를 추진한 메이지유신(1868)의 소프트랜딩에는 마지막 쇼군 요시노부도 기여했다고 볼 여지가 있다. 그가 정권에 연연해 반反막부 세력과 무모한 전쟁을 벌였더라면 일본 전역은 소용돌이에 빠져들었을 것이다. 그는 권력을 놓은 뒤 자책감으로 할복하지도 않았다. 사진, 수렵, 투망, 바둑 같은 취미에 몰두하며 만년을 보내다 1913년 향년 77세로 세상을 떴다.

김정은이 요시노부보다는 루마니아의 독재자 니콜라에 차우셰스쿠Nicolae Ceauşescu나 그의 둘째 아들 니쿠와 비슷한 길을 갈 가능성을 배제할 수 없다. 니쿠는 김정은처럼 일찍이 후계자로 지목됐다. 루마니아 인민이 불 꺼진 아파트에서 생활필수품 부족으로 고통을 겪을 때 니쿠는 여자, 술, 도박, 자동차, 보석에 탐닉했다. 1989년 민중 혁명이 일어나 24년 동안 루마니아를 철권 통치한 부모가 총살당한 뒤 그도 체포돼 20년형을 받았다. 그는 술병인 간경화로 1992년 석방됐으나 4년 만에 오스트리아 빈의 병원에서 간 수술을 받다 45세를 일기로 죽었다. 견제 없는 방종이 낳은 비참한 최후였다.

차우셰스쿠는 소련에서 미하일 고르바초프Mikhail Gorbachyev 집권 후 전개되는 페레스트로이카(개혁)와 글라스노스트(개방)에 강한 불만을 표시했다. 차우셰스쿠는 1989년 고르바초프를 비롯한 소련 지도자들에게 동유럽권의 자유화 운동을 강경 진압

해 달라고 요구했다. 그는 눈앞에서 벌어지는 시대의 변화를 깨닫지 못하고 시위 군중을 학살하며 완강하게 저항했다.

공산 국가 지도자의 몰락에서 차우셰스쿠와 대비되는 것이 미하일 고르바초프 모델이다. 고르바초프는 1985년 공산당 서기장에 취임한 후 계획 경제의 문제점을 인식하고 페레스트로이카와 글라스노스트를 추진했다. 그의 개혁은 소련 내부에 잠재해 있던 문제를 표출하는 계기가 됐다. 보수 관료들의 쿠데타 실패 후 소련 공산당의 권위는 급속히 추락했다. 그는 1991년 대통령직에서 사임했지만 동유럽의 개혁과 냉전 종식에 기여한 공로로 노벨 평화상을 받았다.

김정은이 맞을 최후의 모델은?

공산 국가들의 붕괴는 개혁 개방의 딜레마를 잘 보여 준다. 북한이 개혁 개방을 하면 소련처럼 망하고, 안 하면 루마니아처럼 망할 것이다. 중국과 같은 대국은 '경제는 개방, 정치는 공산당 일당 지배'를 하면서도 버티고 있지만 남한에 비해 인구와 경제력이 현격히 뒤지는 북한으로서는 위험한 실험이다.

소년 황제는 자의에 의한 선택보다는 외부 환경 변화에 의해 갑자기 폭풍의 한가운데에 서게 될 것이다. 비운의 황제가 마지막에 요시노부 같은 길을 가면 가련하게나마 한몸은 거둘 수 있을지 모른다.

한상렬 목사 차라리 북한에서 선교를

2010. 8. 16

남북 화해의 물결이 고조高潮를 이루던 시기에 개신교 목사들과 함께 평양 봉수교회를 방문한 적이 있다. 봉수교회는 1988년 북한에도 종교와 신앙의 자유가 존재한다고 선전하고, 해외 교포들로부터 물질적 기부를 받는 데 활용하려는 의도로 건립됐다. 중국의 영향도 있었다. 문화대혁명 기간에 교회와 사찰을 폐쇄하고 성직자들에게 강제 노역을 시켰던 중국에서 덩샤오핑 집권 후 제한적으로 신앙의 자유가 부활되던 시기였다.

나는 봉수교회에서 만난 북한 관리에게 "중국에서 일반인이 교회에 다닐 수 있지만 포교는 불법이고 공산당원은 종교를 가질 수 없다. 북한 사정은 어떠냐"고 물었다. 그는 "우리 같은 당원은 두 개의 종교를 가질 수 없다"고 솔직하게 말했다. 북한 체제를 종교로 보는 노동당원의 인식이 놀라웠다.

우리 일행이 순안공항에 내려 호텔에 짐을 풀기도 전에 데려간 곳이 평양 시내를 내려다보는 만수대 언덕에 있는 거대한 김일성 동상이었다. 동상은 햇볕을 받아 황금색으로 빛났다. 외국인들이 북한을 방문하면 가장 먼저 이곳에 와서 신고를 올려야 한다. 신혼부부들은 동상에 꽃을 바치며 90도로 허리를 꺾어 경배를 하고 기념 사진을 찍었다.

기독교 배척하는 '정치 종교' 집단

주체교는 신자 수로 보면 세계 10대 종교에 들어간다. 미 해군 군목을 지낸 토머스 벨크Thomas Belke 목사는 《주체: 북한의 국가 종교에 대한 기독교적 연구*Juche: A Christian Study of North Korea's State Religion*》라는 저서에서 주체교가 유대교, 시크교, 자이나교, 조로아스터교보다 더 많은 신봉자를 거느린 종교라고 진단했다. 미국의 종교 관련 통계 사이트인 어드히런츠닷컴(www.adherents.com)은 "주체를 공산주의의 이단적 분파라고 분류하는 것은 불교를 힌두교의 분파라고 하는 것만큼이나 부정확하다"고 진단한다.

김일성이 집무하던 주석궁을 사후 묘지로 리모델링한 금수산기념궁전은 거대한 신전神殿이다. 김일성이 태어난 만경대 생가, 김정일이 태어났다고 거짓 선전을 하는 백두산 밀영은 북한 사람들이 순례하는 주체교의 성지聖地다. 가정에 김일성 부자의 사진을 모셔놓는 것도 신흥 종교를 연상시킨다.

평양에 머무르면서 다른 일행과 함께 와 있던 한상렬 목사를 처음 만나 악수를 교환했다. 한 목사는 그때도 수염을 기르고 한복을 입은 모습이었다. 나와 방을 함께 쓴 목사는 예수교 장로회 소속인데 기독교 장로회 소속인 한 목사를 잘 알고 있었다. 한 목사에 대해 "교회가 크면 교인들의 구성이 다양해져 저런 활동을 하기 어렵습니다"라고 말했다.

북한에는 봉수교회 외에도 칠골교회가 있다. 김일성의 외할아버지는 칠골교회의 장로였다. 딸(김일성의 어머니)의 이름을 '강반석盤石'이라고 지은 것을 보아도 신앙심이 깊었음을 알 수 있다. 김일성의 아버지도 미션 스쿨인 숭실학교를 다녔다. 기독교의 영향 아래서 성장한 사람을 최고 지도자로 둔 나라에서 기독교인들이 탄압을 견디다 못해 신앙의 자유를 찾아 남쪽으로 내려왔다는 것은 아이러니다.

종교와 유사성을 가진 정치 이데올로기를 '정치 종교*political religion*'라고 부른다. 정치 종교는 국가의 최고 지도자를 신의 경지로 끌어올린다. 정치 종교는 전통적 종교와 경쟁 관계에 있기 때문에 가능하면 다른 종교를 대체하거나 말살하려 든다. 다른 종교에 대한 신앙심이 정치 종교에 대한 충성심을 방해하기 때문이다. 정치 종교의 반대자들은 추방 또는 강제 수용돼 재교육을 받거나 살해된다. 북한의 주체 사상主體思想은 전형적인 정치 종교다. 김일성은 주체교의 유일신唯一神이다. 그는 죽어서도 북한을 유훈遺訓 통치한다. 주체교의 나라에서 다른 종교를 믿을 자유는 존재하지 않는다.

중국도 문화대혁명 때 마오쩌둥을 신격화하고 타 종교를 말살하는 정치 종교 현상이 심각했다. 전통적 종교는 마르크스의 이념으로 대체돼야 할 봉건적인 미신으로 규정됐다. 인민은 마오쩌둥을 '붉은 태양,' '위대한 교사'로 찬미하고 학생과 근로자들은 마오의 초상 앞에서 충성 결의를 다지는 의식을 가졌다. 중국의 정치 종교 현상은 마오의 죽음과 함께 막을 내렸지만 마오와 소련의 스탈린에게서 배운 북한의 정치 종교는 김일성의 집권 기간이 길고 아들로 세습되면서 더 번성했다.

하나님 사랑은 왜 남쪽에만 있나

한 목사가 판문점을 통한 광복절 남행을 연기한 모양이다. 나는 그가 북한 선교에 대해 어떤 생각을 갖고 있는지 궁금하다. 개신교 일부 교회들은 이교도의 목을 자르는 이슬람 근본주의자들의 땅에도 선교사를 파송한다. 한 목사가 기왕 어렵게 간 김에 그곳에 남아 선교사로 활동했으면 어떨까 싶다. 북한 주민에게 하나님의 사랑을 전파하고, 주체교가 반인륜 이단임을 알리는 데 힘을 쏟으면 성속聖俗을 넘어 높은 평가를 받을 수 있을 것이다. 사랑과 긍휼을 베푸시는 기독교의 하나님은 왜 남조선에만 있어야 하는가.

채널A 〈황호택의 눈을 떠요〉

출연 **김신조** 목사 | 2013. 1. 22

"(1·21 사태 때 남에 내려온 무장공비 중에) 북에 한 사람(최재경 대장), 남에 한 사람(김신조) 살아 있다는 게 기묘한 인연인데요. 누구의 삶이 더 행복했다고 보십니까?"

_ 김신조 목사와의 대담 중

출연 **장진성** 탈북 시인 | 2013. 2. 14

장진성 탈북 시인의 시처럼 북에서는 굶주린 딸을 백 원에 내다 파는 주민이 있습니다. 그런데 김정은은 미사일에다 쌀 수만 포대를 실어서 하늘에 뿌리고 있습니다.

뮤지컬 〈요덕 스토리〉에서 "왜 하나님은 남쪽에만 있습니까"라고 부르짖던 절규가 생각납니다.

_ 클로징 멘트

출연 **강지원** 변호사 **이애란** 북한전통음식문화연구원장 | 2013. 1. 29

"(김용준 국무총리 후보자 두 아들 병역 문제 논란 관련) 아들 하나는 체중 미달, 못 먹어서 생긴 거고. 또 통풍은 잘 먹어서 생기는 병이거든요. 한 집안에서 하나는 못 먹어서 생긴 걸로 못 가고 하나는 잘 먹어서 생긴 걸로 못 갔는데 국민 정서가 수긍할 수 있을까요?"

_ 강지원 변호사와의 대담 중

북한의 김정은은 아버지로부터 물려받은 선군 정치를 개선할 의지가 전혀 보이지 않고 있습니다. 주민은 굶주리는데 김정은은 대륙간탄도미사일을 발사하고 핵실험을 준비하기에 바쁩니다. 이애란 씨 같은 탈북자들이 북한의 독재자를 무너뜨리는 통일의 선봉이 돼야 하겠습니다.

_ 클로징 멘트

6

한국이 이스라엘에서
배울 것

국가 존망 걸고 이란 핵과 싸우는 이스라엘

2012. 3. 26

이스라엘은 국토 면적이 한국의 전라남북도만 하다. 유대인들은 이란이 이스라엘을 지도에서 지워 버리려 한다는 두려움을 갖고 있다. 이란의 최고 지도자 아야톨라 알리 하메네이Ayatollah Ali Khamenei는 최근 테헤란에서 기도 시간에 신도들에게 "시오니스트(팔레스타인 내 유대인) 정권은 잘라내야만 하는 암 덩어리"라고 말했다. 이란의 핵개발 저지에 전 국민의 생존이 걸린 이스라엘로서는 합법, 비합법 수단을 가릴 처지가 아니다.

올해 1월 11일 이란 테헤란에서 제임스 본드의 007 영화 같은 장면이 실제 상황으로 벌어졌다. 이란 핵 과학자 무스타파 아흐마디 로샨Mustafa Ahmadi-Roshan이 탄 은색 푸조 승용차가 아침 출근길 정체가 심한 거리를 지날 무렵 두 명의 남자가 탄 오토바이가 접근했다. 오토바이 뒷자리에 앉은 남자가 차량에 자석 폭탄을 붙였다. 오토바이는 사라지고 9초 후 폭탄이 터져 로샨은 즉사했고 운전사 겸 경호원은 병원으로 옮겨졌으나 숨졌다.

2010년 1월 테헤란대에서 교수로 재직하던 핵물리학자 마수드 알리 모하마디Masoud Ali Mohammadi는 자택 인근 주차장에서 폭탄을 실은 오토바이가 폭발하는 바람에 사망했다. 그해 11월에는 이란 핵개발에 관련된 주요 인물 두 명이 탄 차가 오토바이맨이 부착한 자석 폭탄으로 폭발했다. 2011년 11월에는 테헤란 교외의 이란 혁명 수비대 미사일 기지에서 화약고가 연쇄 폭발해 기지 전체가 흔적도 없이 사라져 버리고 하산 테라니 모가담Hassan Tehrani Moghaddam 장군과 다수의 병사가 폭사했다.

이스라엘 정보 기관 모사드의 메이르 다간Meir Dagan 전 국장은 "핵 과학자 암살은 핵개발 프로젝트에서 중요한 두뇌를 제거하고, 이란 과학자들이 다른 민간 프로젝트로 옮겨가도록 공포심을 불어넣는 효과가 있다"고 이스라엘 언론인과의 인터뷰에서 말했다. 이란의 핵개발 과학자들은 빠른 승진, 고액 봉급 같은 혜택을 받지만 훈련받은 군인이 아니기 때문에 오토바이맨이 자신의 승용차 유리창을 노크할 것이라는 두려움을 갖기 시작하면 일이 손에 잘 안 잡힐 것이다.

모사드, 핵 저지에 비합법 불사

이스라엘은 1981년 이라크, 2007년 시리아의 핵시설을 폭격해 파괴한 전력이 있다. 미국 대통령 선거 때문에 신중하게 저울질하고 있지만 이스라엘이 올해 안에 이란의 핵시설을 타격할 것이라는 관측이 유력하다. 이스라엘 공군기들이 기지에서 1600km 이상 떨어진 이란 핵시설을 공격하자면 중간에 공중급유를 받아야 한다. 이란은 이라크, 시리아처럼 당하지 않으려고 핵시설을 전국 10여 곳의 80m 이상 지하에 만들어 놓았다.

핵개발과 관련한 과학자들의 계속되는 암살에 대해 이란 당국과 유럽의 언론은 배후로 모사드를 지목한다. 모사드는 시인도 부인도 하지 않는다. 모사드는 작년 1월 테러 단체 하마스의 고위 간부를 두바이 호텔에서 살해해 하마스와 이란의 연결 고리를 끊어 놓으면서 이란의 핵개발에 강력한 경고를 보냈다. 모사드의 감쪽같은 비밀 작전은 암살단 일행이 호텔 폐쇄회로(CC)TV에 찍히는 바람에 노출됐다.

모사드의 작전에서 보듯이 군이나 정보 기관에서 수행한 비밀 작전의 증거를 완벽하게 찾아내기란 거의 불가능하다. CCTV도 없는 바닷속에서 북한이 자행한 비밀 작전의 증거를 수집하는 것은 모래사장에서 바늘을 찾는 것보다도 훨씬 힘든 작업이다. 다행히 민군 및 국제 합동 조사반은 천안함을 격침한 어뢰 프로펠러를 찾아냈다. 천안함에서 사용하던 PC와 망원경을 건져 올린 바로 그 자리다. 어뢰 프로펠러에 '1번' 글씨를 남겨 놓은 것은 북한의 실수였다. 북은 '1번'을 쓰지 않고 '1호'를 쓴다고 주장했지만 1996년 북한 잠수함을 타고 강릉에 침투했다 생포된 이광수는 북한에서 어뢰를 분해 수리할 때 혼동을 막기 위해 '1번' '2번' '3번'이라고 적는다고 증언했다. 서해 바다에서 한국 군함을 공격하고 1번이라는 글자가 쓰인 어뢰 프로펠러를 남길 범죄 집단이 북한 말고 누가 더 있겠는가. 천안함 사건과 관련해 온갖 사이비 과학 이론을 끌어대는 자칭 전문가나 친북 인사들은 "아무튼 북한 소행이라고 믿고 싶지 않다"고 말하는 편이 솔직할 것이다.

북핵에 경각심 없는 한국 사회

10Mt(메가톤)급 핵폭탄 하나도 서울을 폐허로 만들 수 있는 위력을 지녔다. 이스라엘은 이란 핵에 대해 국가 존망 차원에서 저지 수단을 강구하고 있다. 이스라엘-이란의 거리보다 북핵은 훨씬 더 가까이 있는데도 우리는 너무 태평하다. 천안함을 공격하고 연평도를 포격하는 불량 국가가 보유한 핵이 방어용일 수는 없다. 미국은 지금 북한 핵보다는 이란 핵을 더 시급하게 인식하는 것 같다. 그사이에 북한은 핵탄두 개수를 점점 늘려갈 것이다.

천안함 폭침 2주기를 맞아 서울에서 53개국 정상과 국제 기구 대표 5명이 모여 핵 테러를 차단할 방안을 논의한다. 한국은 핵 테러와 핵 공격에 대처하는 법을 이스라엘에서 배워야 한다.

덩샤오핑 후예들의 '차이나 브랜드' 갈망

2011. 10. 3

베이징 톈안먼天安門 광장 남쪽 마오쩌둥毛澤東주석기념당에는 마오의 미라가 수정관 속에 들어 있다. 평일 아침인데도 톈안먼 광장에 마오를 참배하려는 배례객拜禮客이 긴 줄을 짓고 있었다. 베이징에 처음 와본다는 항저우杭州의 의과대학생은 "한 시간 넘게 기다려 마오의 미라를 꼭 봐야 하는 것이냐"고 묻자 "그분은 중화인민공화국의 신神"이라고 대답했다. 중국에서는 마오, 베트남에선 호찌민胡志明, 북한에선 김일성이라는 '인간 신'이 수도의 한복판에 미라로 누워 참배객을 맞는다. 후대 집권 세력의 통치 기반을 강화하기 위한 용도일 것이다.

덩샤오핑鄧小平은 문화혁명 기간 마오 밑에서 무소불위의 권력을 휘두른 사인방*을 숙청하면서도 마오에 대해서는 "과過보다 공功이 크다"는 평가와 함께 격하 운동을 벌이지 않았다. 마오는 수천만 명이 굶어 죽은 인민대약진 운동과 중국을 10년 동란으로 내몬 문화혁명 같은 엉터리 짓을 저질렀다. 하지만 그를 전면 부정함으로써 중화인민공화국의 뿌리가 흔들리게 되는 사태를 덩은 두려워했을 것이다.

칭다오青島의 외국계 회사에 근무하는 중국인 여성은 "과거에는 마오의 공이 70%, 과가 30%라고 가르쳤지만 요즘 민간에서는 그 숫자가 거꾸로 돼가고 있다"고 전했다. 홍콩을 경유해 마오를 비판하는 서적이 밀려들어 오고, 인터넷을 통해 중국인이 잘 모르던 마오의 과오가 소상히 알려지고 있다는 것이다.

세계의 하청 공장 탈피 몸부림

이명박 대통령과 중국 리창춘李長春 상무위원의 합의로 시작된 한중 고위 언론인 포럼 제3차 회의가 최근 칭다오와 베이징에서 열려 양국 관계 발전을 위한 의견 교환이 있었다. 황융黃泳 신화통신사 국제부 부주임은 "한국 언론이 서방의 보도를 그대로 따라가는 경향이 있다"면서 "미국은 항공모함이 11척인데 중국은 최근 우크라이나에서 항공모함 한 척을 고철로 수입해 리모델링하고 있다. 한국의 세종대왕함 같은 이지스함도 없다. 그런데도 한국과 서방 언론이 군사대국주의라고 비난한다"고 불만을 토로했다.

칭다오 도심에 '發展是硬道理'(발전만이 반드시 걸어야 할 길이다)

라는 어록과 함께 덩의 대형 전신화全身畵가 서 있다. 상하이에서 온 한 언론인은 '마오와 덩 중에서 누구를 더 존경하느냐'는 질문에 "당연히 덩"이라면서 "오늘의 중국은 덩이 있었기 때문"이라고 설명했다.

베이징에서는 왕천王晨 중국 국무원 신문판공실 주임主任(장관급)의 초청으로 147년 전통을 자랑하는 요릿집에서 오리구이를 맛보았다. 왕 주임은 식사 시간 내내 차이나 브랜드 이야기만 했다. 그는 중국 고유의 브랜드를 만들지 않고서는 경제를 업그레이드시킬 수 없다고 강조했다.

중국에 투자한 대만 기업 폭스콘foxconn(富士康)이 미국에서 499달러에 팔리는 아이폰을 조립해 주고 받는 돈은 대당 17달러. 여기서 폭스콘이 4달러를 떼고, 아이폰 껍데기를 만들고 인력을 제공하는 중국에 13달러를 지급한다. 폭스콘 공장에서 일하는 중국 근로자들은 장시간 노동을 하고 월 3000위안 정도의 낮은 임금을 받는다. 우울증을 호소하는 사람이 많고 자살자도 10여 명이 생겼다. 왕 주임은 갤럭시S2를 꺼내 보여 주며 삼성이 자체 브랜드로 애플과 경쟁하는 것을 보면 대단한 회사라고 부러워했다.

중국의 대도시는 세계 자동차의 전시장이다. 왕 주임은 자체 자동차 브랜드를 개발하기 위해 외국 회사들에 공장 설립을 허용했으나 시장만 내어준 꼴이 됐다고 한탄했다. 현대차, 폴크스바겐, 아우디, 벤츠, GM, 도요타, 혼다가 중국 현지 생산을 한다. 최근 중국은 스웨덴의 볼보를 인수했다. 고급 차를 중국 브랜드로 개발하려는 노력의 일환이다. 그는 이탈리아 명품 넥타이도 대부분 중국에서 생산한다면서 중국이 자체 브랜드를 만들어야만 세계 최대의 개발도상국을 면하게 될 것이라고 말했다.

해외 명품 관광 나간 5700만 명

왕 주임은 중국 언론에 보도되지 않은 내용이라고 운을 뗀 뒤 작년 중국에 온 외국인 관광객이 5600만 명인데, 중국인 관광 목적 출국자가 5700만 명으로 사상 처음 역전逆轉 현상이 나타났다고 털어놓았다. 그는 과거에 중국인이 프랑스, 스위스, 이탈리아 명품점에 가면 일본인인 줄 알았는데 지금은 중국어를 하는 직원이 "중국서 왔군요"라고 인사를 한다고 소개했다. 그는 젊은이들이 외제 사치품을 좋아하는 허영심을 거론했으나 비난하지는 않았다.

내가 "중국이 1978년에 개혁 개방을 했는데 중국의 발전 속도가 너무 빨라 10년만 빨랐더라면 우리가 따라잡혔을지 모르겠다"고 말하자 그는 "두 나라 경제는 서로 보완하며 윈윈 할 수 있다"고 답했다. 우리가 중국의 고속 성장에 두려움만 가질 일은 아니다. 중국을 배후 수출 시장으로 활용하고, 중국 관광객을 끌어들이는 인프라 갖추기에 공력을 들인다면 우리가 얻는 득도 클 것이다.

* 중국공산당 중앙위원회 부주석 왕훙원, 정치국 상임위원 겸 국무원 부총리 장춘차오, 마오쩌둥의 부인 장칭, 정치국 위원 야오원위안으로, 이들 사인방은 1976년 마오쩌둥 사후 한 달 만에 체포되었다.

국제법은 힘이 정의다

2011. 5. 9

백악관 관리들은 오사마 빈라덴Osama bin Laden이 총을 들고 저항했는지에 관해 결정적으로 말을 바꾸었다. 존 브레넌John Brennan 백악관 대對테러 담당 보좌관은 "빈라덴이 여성을 인간 방패로 사용하며 특수부대원과 교전했다"고 설명했다. 다음 날 제이 카니Jay Carney 백악관 대변인은 "빈라덴은 무장을 하고 있지 않았다"고 번복했다. 인간 방패도 없었다. 브레넌은 흥분한 나머지 악마를 더 악마처럼 보이게 하는 과장법을 썼던 것 같다.

빈라덴의 전쟁법적 지위가 비전투원*non-combatant*이거나 민간인이었다면 무장 여부가 중요한 판단 근거가 될 수 있지만, 미국은 '테러와의 전쟁' 중이고 빈라덴은 국제 테러 조직인 알카에다의 창설자이자 최고 사령관이다. 빈라덴은 무고한 시민 3000

여 명을 살해하고 미 국방부를 공격했다. 미국으로서 빈라덴은 교전 중 사살한 적이다. 《삼국지》를 비롯한 동서고금의 전사戰史에는 적군이 방심하고 있을 때 기습 공격해 승전한 사례가 많다.

미국 네이비실 부대원들은 어두운 방에서 빈라덴이 비무장 상태였다는 것을 파악하기 어려웠을 수 있다. 1초를 몇 개로 쪼갠 순간의 판단으로 방아쇠를 당길 때 '적을 죽이지 않으면 내가 죽는다'는 생각밖에 없었을 것이다. 빈라덴이 손에 무기를 들지는 않았지만 자살 폭탄의 가능성도 배제할 수 없었다고 미 정부 관계자들은 설명한다.

그러나 파키스탄 영토 내에서 미국이 아무런 사전협의 없이 군사 작전을 펼친 행위는 주권 침해에 해당할 수 있다. 파키스탄 외교부는 "승인되지 않은 일방적인 행동이며 두 번 다시 이 같은 작전을 용납하지 않을 것"이라는 성명을 냈지만 항의의 강도는 세지 않았다. 다분히 국내용 발언으로 해석된다. 빈라덴에게 은신처를 제공한 의혹마저 제기되는 파키스탄 당국에 미국이 작전을 사전에 통보하기는 어려웠을 것이다.

비무장 전투원 사살 문제없어

미국으로부터 대테러 작전과 관련해 연간 30억 달러 규모의 지원금을 받고 있는 파키스탄은 미국의 주권 침해를 비난하기보다는 빈라덴을 보호한 일이 없다고 해명하느라 바쁘다. 아시프 알리 자르다리Asif Ali Zardari 파키스탄 대통령은 〈워싱턴 포스트

Washington Post〉 기고문에서 "일부 미국 언론은 우리가 빈라덴을 포함해 테러리스트들을 보호했다는 주장을 하고 있으나 전혀 근거가 없다"고 강조했다.

미국은 1989년 12월 아버지 조지 부시 대통령 때 파나마를 침공해 마누엘 노리에가Manuel Noriega 대통령을 체포 압송한 적도 있다. 당시 유엔 총회는 미국의 국제법 위반 행위에 대한 비난 결의안을 찬성 75, 반대 20, 기권 39개국으로 통과시켰다. 미국은 유엔총회 결의에 아랑곳하지 않고 노리에가를 미국 법정에 회부해 마약 밀매 및 돈 세탁죄로 40년형을 언도했다.

네이비실 대원들은 빈라덴의 침실에서 나이 어린 부인이 남편을 가로막으며 그들을 향해 돌진했을 때 혼란스러운 상황에서도 다리를 쏘았을 만큼 민간인의 생명을 보호하기 위해 애썼다. 반면에 빈라덴의 경우에는 정확하게 머리와 심장을 쏘았다. 빈라덴은 노리에가나 이라크의 사담 후세인Saddam Hussein과 달리 아직도 이슬람권에서 인기가 높다. 파키스탄, 필리핀은 물론 인도, 영국에서도 빈라덴을 사살한 미국을 규탄하는 거리 시위가 발생했다. 그가 살아서 법정에 섰더라면 미국 제국주의의 순교자처럼 행세하며 자살 폭탄을 선동하는 무대로 활용했을 것이다. 인류사상 최악의 테러범에게 자기선전과 테러 선동의 기회를 주는 것은 미국의 국가 안보에 결코 도움이 되지 않을 것이다.

리언 패네타Leon Panetta 미 중앙정보국(CIA) 국장에 따르면 아보타바드 저택 안에 빈라덴이 숨어 있을 확률은 60~80%였다. 이렇게 불확실한 상황에서 미국 헬기들이 파키스탄의 영공 깊숙이 날아가 빈라덴을 제거하는 작전을 40분 만에 완수하고 이슬람 의식에 따라 하루가 지나기 전에 아라비아 해에서 수장水葬을 마쳤다. 미국의 힘이 아니면 해낼 수 없는 전광석화電光石火 작전이다.

강한 군사력만이 정의 구현 가능

미국이 아프가니스탄에 이어 이라크를 침공했을 때 평양에서 북한의 고위직과 저녁 자리를 같이한 적이 있다. 남한에도 몇 차례 방문한 적이 있는 그는 "미국은 아프가니스탄이나 이라크처럼 만만한 상대만 골라 때립니다. 미국이 언제 중국이나 러시아를 건드리는 적이 있는가요"라고 빈정거렸다. 북한은 미국의 힘과 한계를 정확하게 파악하고 외부 세계의 대응이 거셀수록 중국에 바짝 달라붙는지도 모른다.

우리는 천안함, 연평도에서 당하고도 북을 응징하지 못했다. 바다 밑바닥을 훑어 '1번' 글씨가 쓰인 어뢰 추진체를 찾아냈음에도 중국은 '명백한 증거가 없다'며 북한 편을 들었다. 국제법의 세계에서 법조문의 해석과 증거 능력 판단은 코에 걸면 코걸이, 귀에 걸면 귀걸이다. 국제 사회에서 강력한 군사력만이 정의를 실현할 수 있음을 미국이 확실하게 보여 줬다.

세계 역사를 바꾼 노점상의 죽음

2011. 2. 28

튀니지 청년 모하메드 부아지지Mohammed Bouazizi(26)는 길거리에서 과일과 야채를 팔며 여덟 식구를 부양하고 대학에 다니는 여동생의 학비를 댔다. 단속 공무원들은 무허가 노점상 청년에게 번번이 돈을 요구했다. 하루는 그가 돈을 내놓지 않자 단속반은 야채와 과일을 압류하고 저울도 빼앗았다. 그가 울부짖으며 저항하자 단속반원들이 집단 구타를 했다. 그는 시청에 쫓아가 빼앗긴 물건을 돌려달라고 호소했지만 모든 문이 닫혀 있었다. 절망한 그는 휘발유 한 통을 사 몸에 뿌리고 성냥불을 댕겼다. 영국 BBC 방송의 부아지지 여동생 인터뷰는 열심히 살던 젊은이가 부패한 독재 국가에서 절망에 이른 과정을 생생하게 전해 준다.

튀니지는 대부분의 젊은이가 실업자다. 부아지지의 분신 소식이 문자 메시지, 블로그, 트위터, 페이스북 같은 소셜 네트워크 서비스(SNS)를 통해 퍼져나가자 젊은이들은 그의 사진을 들고 그의 이름을 부르며 거리를 행진하기 시작했다. 23년 동안 벤 알리Ben Ali 독재 정권의 압제에 눌려 살던 튀니지 사람들에겐 정의감, 연대 의식, 동포애 같은 게 없었으나 부아지지의 분신 이후 젊은이들이 거리낌 없이 분노를 표출했다.

한 노점상의 죽음이 나비 효과를 일으켜 세상을 바꿔 놓고 있다. 역사는 우연한 사건을 계기로 물줄기를 트는 경우가 왕왕 있다. 북아프리카에서 민심의 급류에 독재자들이 휩쓸려 나가는 현상은 우연이나 기적이 아니라 역사의 필연이다. 높은 식품 가격, 일자리를 구하지 못한 젊은이들의 좌절, 오일 달러를 독재자의 일족이 독점하는 부패한 정치 체제, 민주 선거의 부재……. 젊은이들의 좌절과 절망이 휘발유처럼 깔려 있는 북아프리카와 중동 국가에 부아지지가 불씨를 던져 버린 것이다.

모든 독재 정권 종착역은 민주화

민주주의 국가에서는 국민의 분노가 선거, 국회, 정당, 사법 제도, 언론을 통해 통상적으로 분출되기 때문에 나라를 뒤흔드는 빅뱅으로 이어지지 않는다. 다소 낭비적 요소가 있고 일사불란한 효율성이 떨어지는 것처럼 보이지만 민주주의가 모든 체제의 종착역이 될 수밖에 없는 이유는 민중의 불만을 뿜어내는 굴뚝 기능 때문이다.

중국 정부 당국과 관변 학자들은 재스민 혁명이 베이징에는 영향을 미치지 못할 것이라고 낙관하고 있다. 그럴 만한 이유도 있다. 중국은 1980년대 후반 이후 성공적인 경제 발전을 지속해 국민의 생활 수준을 끌어올렸다. 철저한 인터넷 검열 조치와 잘 조직된 경찰력으로 민주화 요구를 억누르는 통제력을 갖추고 있다. 퓨리서치센터의 작년 조사에 따르면 87%의 중국인이 현상에 만족하고 있다. 중국은 북아프리카 국가처럼 1인 독재가 아니라 공산당 엘리트 집단이 통치하는 체제다. 마오쩌둥 이래 덩샤오핑, 장쩌민江澤民, 후진타오胡錦濤로 세 번 지도자 교체가 있었고, 2012년에는 시진핑習進平의 집권이 예고돼 있다.

친親중국 시각을 가진 미래학자 존 나이스비트John Naisbitt는 《메가트렌드 차이나*Megatrend China*》에서 "서구가 전 인류의 4분의 1을 가난의 구렁텅이에서 구해낸 중국 공산당 지도부에 대해 훈계할 자격이 없다"고 말한다. 서구가 '독재 정부'라고 비난하는 중국의 통치 형태가 거대 정부와 자본주의의 조화를 통해 13억 인구에 경제적 부와 정치적 안정을 가져다주고 있다면 서구식 민주주의가 국민을 만족시키는 유일한 제도인지 의문이 든다는 것이다. 공산당 일당 독재는 선거 지향적 국가 운영에서 벗어나 장기적인 발전 전략을 수립할 수 있게 하는 강점도 있다.

나이스비트의 진술은 한국이 과거 권위주의 정권 시절에 많이 들어봤던 '한국적 민주주의'와 논리가 흡사하다. 박정희 유신 체제와 전두환 독재 정권이 산업화를 이루고 국민 소득을 향상시켰지만 이로 인해 높아진 국민 의식은 한국적 민주주의를 거부하고 서구적 모델을 받아들였다. 정치적 안정 속의 경제 발전을 추구하는 중국인들에게 공산당 없는 중국은 거대한 혼돈이자 공포이겠지만 언론을 통제하고 인터넷을 검열하고 공산당 엘리트들끼리 모여 지도자를 선출하는 방식이 언제까지 통할 수는 없다. 소득과 의식 수준이 높아지면 공산당 일당 독재는 중국인들에게 몸에 맞지 않은 옷이 될 것이다.

북한의 SNS 대신할 심리전

북한은 특수 기관을 제외하고 인터넷망이 깔려 있지 않다. 페이스북, 트위터도 안 되고, 휴대전화도 소수의 사람들만 사용한다. 북한의 장마당에서 젊은 청년이 분신을 하거나 항의 시위가 벌어져도 소식이 확산되기 어렵다. 그러나 남한에서 벌이는 군의 심리전과 북한 민주화 운동 네트워크가 북에서 SNS 역할을 대신할 수 있다. 전단을 풍선에 실어 날려 보내고, 단파 방송을 쏘고, 탈북자들을 이용한 구전口傳을 통해 부아지지의 죽음과 재스민 혁명의 확산을 북한 사회에 알려야 한다. 사회 정치적 변혁은 예측할 수 없는 곳에서 시작돼 거친 폭풍우처럼 독재의 아성을 휩쓸어 버린다. 장기적 관점에서 보면 북한도 세계사의 흐름에서 예외일 수 없다.

노벨 평화상 '중국 민주화' 상징 띄웠다

2010. 10. 11

중국 자오쯔양趙紫陽 전 공산당 총서기는 1989년 톈안먼 시위 때 최고 지도자 덩샤오핑의 무력 진압 지시를 거부하고 실각한 후 16년간 가택연금 생활을 하다 85세로 사망했다. 그의 사후死後에 구술 녹음 테이프를 해외로 빼돌려 출간한 회고록 《국가의 죄수國家的罪囚》는 톈안먼 사태의 처리를 둘러싼 권력층 내부의 움직임에 관한 생생한 증언과 함께 중국의 정치 개혁에 관한 신념을 담고 있다.

자오쯔양은 이 책에서 덩샤오핑이 주창한 개혁 개방은 국가 근대화, 민주화가 아니라 공산당 일당 독재를 견지한다는 전제 아래 국가 기관의 활력과 효율을 달성하기 위한 행정 개혁이라고 단언한다. 덩은 서방 국가의 다당제多黨制와 삼권분립, 의회제를 단호히 거부하면서 소수의 몇 사람이 논의해 집단 통치하는 지배 구조를 좋아했다고 자오쯔양은 회고했다.

자오쯔양은 "한 국가가 현대화를 실현하려면 시장 경제를 실시해야 할 뿐 아니라 반드시 의회 민주제라는 정치 제도를 실시해야 한다"면서 "의회 민주제가 없이는 건강한 시장 경제도, 현대적인 법치주의도 이룰 수 없다"고 강조한다. 그의 진단은 중국의 미래에 대한 예언처럼 들린다. "20세기에 나타난 이른바 신흥 민주 제도인 프롤레타리아 독재는 대다수 역사 무대에서 이미 퇴장했다. 오히려 서구의 의회 민주제가 그 생명력을 보여 준다."

"시장 경제와 의회 민주제의 동행 발전"

중국 공산당 정권은 톈안먼 시위를 군사력으로 유혈 진압했지만 이후 21년 동안 민주화 요구를 완전히 침묵시키지 못했다. 중국의 반체제 작가이자 인권 운동가인 류샤오보劉曉波가 주 집필자인 '08헌장'은 인터넷에서 1만 명이 넘게 서명했다. 체코에서 극작가 바츨라프 하벨Václav Havel(민주화 후 대통령 당선)이 중심이 돼 공산당 정권에 저항한 77헌장을 벤치마킹한 것이다. 77헌장이 프라하의 봄을 가져왔듯이 08헌장에는 베이징의 봄에 대한 염원이 담겨 있다.

2008년 12월 발표한 이 헌장은 자유, 인권, 평등을 모든 인류가 공유하는 보편적인 가치라고 선언하고 직접 선거, 사법부 독립, 공산당 일당 독재의 종식을 요구하는 내용을 담고 있다.

류샤오보는 선진 민주주의 국가의 헌법에 담긴 내용을 요구했을 뿐인데 이 선언과 관련해 정부를 전복하려 한 죄로 징역 11년형을 선고받았다. 베이징 올림픽 이후 국가 이미지를 높이기 위해 발버둥을 치고 있는 중국으로서는 류샤오보의 노벨 평화상 수상이라는 결정적인 장애물을 만난 것이다.

원자바오溫家寶 총리는 최근 정치 개혁, 언론 자유, 민주주의를 보통 때보다 빈번하게 역설하고 있다. 10월 3일 방영된 CNN 인터뷰에서는 "민주주의와 자유에 대한 인민의 열망과 욕구는 억누를 수 없는 것이며, 나는 중국의 정치 체제 개혁을 위해 계속 노력하고 있다"고 말했다. 원 총리의 발언 내용이 서구식 의회 민주주의나 다당제 선거를 통한 권력의 교체를 말하는 것이 아님은 분명하다. 어디까지나 공산당 일당 지배 체제라는 토대 위에서 중국 특색의 '사회주의적 민주주의'를 말하고 있다. 중국 지도자들은 경제 발전이 이뤄지고 국민소득이 높아진 후 맞을 다음 단계의 도전이 정치적 민주화 요구라는 것을 잘 알고 있다. 그래서 민주화 요구에 방어적으로 대응하기보다는 인권, 자유, 민주주의를 선도적으로 치고 나가 이론적 고지를 선점하려는 전략이다.

류샤오보는 해외에 더 알려진 인물이다. 중국인들은 공안 당국의 철저한 검열로 류샤오보의 저작이나 민주화 운동을 거의 알지 못한다. 한 나라가 민주화로 나아가자면 체코의 하벨이나 미얀마의 아웅산 수치Aung San Suu Kyi 같은 상징적 인물이 필요하다. 류샤오보의 노벨 평화상 수상이 당장 정치적 폭풍을 몰고 오지는 않겠지만 21세기에 걸맞지 않은 권위주의 정부를 가진 중국의 내적 고민은 깊어질 것이다. 중국학자들도 사적인 자리에서 "정치적 민주화를 동반하지 않은 경제 발전은 빈부 격차 심화 같은 사회적 갈등을 해결하지 못하고, 경제의 지속적 발전도 불가능하다"는 견해를 말하는 사람이 많다고 서진영 고려대 명예교수(정치학)는 전한다.

중국 민주화 후폭풍 맞을 북한

우리가 중국의 민주화에 관심을 갖는 것은 인구 13억 명의 대국이 가져올 세계사적 변화와 함께 한반도에 미칠 후폭풍 때문이다. 중국이 한반도를 바라보는 시각은 아직도 60년 전 항미원조抗美援朝의 시기에 고착돼 있다. 중국은 북이 천안함 폭침을 저지른 증거가 없다고 강변하는가 하면 시대착오적인 3대 세습에 대해서도 "인민의 자주적 선택"이라며 비호한다. 중국 공산당 정권이 현재로선 철옹성 같아 보이지만 5~10년 뒤 중국에서 어떤 변화가 일어날지 아무도 예측할 수 없다. 중국 정부가 낡은 권위주의 체제의 갑옷을 벗고 세계 보편적 가치를 수용할 때라야 21세기의 시각으로 한반도의 통일을 바라볼 수 있을 것이다.

반쪽 월드컵
넘어
남북 공동 월드컵을

2010. 9. 27

입체 영화 3D는 알지만 '3지'는 모르는 사람이 많을 것이다. 2002 월드컵에서 박지성과 그가 뛰는 것을 보고 자란 U–17 여자월드컵 국가 대표팀 여민지, U–20 여자월드컵 3위의 한국 MVP 지소연을 합쳐 부르는 말이다. 일요일 아침 중미에서 날아온 우승 소식은 국민을 모처럼 하나로 묶어 냈다. 스포츠 우민화를 거론하거나, 스포츠 이벤트에 예산 쏟기를 비판하는 사람도 있지만 사회 통합 효과나 국가 브랜드 가치를 고려하면 답답하고 편협한 시각이다. 88 서울 올림픽은 한국이 세계에 국가 브랜드 가치를 각인시킨 결정적 계기였다. 2002년 한일 월드컵은 일본과 나누어 치른 반쪽 월드컵이었음에도 세계 무대에서 코리아의 국가적 위상을 높이는 데 기여했다.

두 달 뒤인 12월 2일 스위스 취리히에서 국제축구연맹(FIFA) 집행위원 24명이 2018, 2022년 월드컵 개최지를 동시에 결정하는 투표를 진행한다. 제프 블라터Sepp Blatter 회장이 한꺼번에 두 대회를 다 결정하려는 욕심을 부렸다. 두 대회를 동시에 신청한 나라는 유럽에서 영국, 네덜란드-벨기에, 러시아, 스페인-포르투갈로 4개팀 6개국이고, 유럽 이외엔 미국이 유일하다. 2022년 대회만 단독 신청한 나라는 한국, 카타르, 일본, 호주 등 4개국이다.

월드컵은 축구의 본고장인 유럽에서 한 번, 비유럽에서 한 번 번갈아 개최되다가 2006년 독일 대회 이후 처음으로 비유럽 지역에서 두 번 연속 열린다(2010년 남아공, 2014년 브라질). 이 때문에 2018년 대회는 유럽에서 개최될 공산이 크고 우리는 2022년 대회를 놓고 카타르, 일본, 호주, 미국과 경쟁을 벌일 것으로 보인다.

대한민국 하나로 묶은 '3지'

호주는 올림픽을 두 번 치렀지만 월드컵은 한 번도 안 해봤다. 18개 도시에서 열리는 축구 경기를 보려면 호주 안에서도 몇 시간씩 비행기를 타고 가야 한다. 인구 20만 명 안팎의 도시들에서 월드컵 대회를 여는 것도 상식에 맞지 않는다. 유럽의 축구 팬들이 경기를 보러 가기에도 호주는 가장 먼 나라다. 유럽 사람들은 인천, 싱가포르, 도쿄에서 환승해 호주로 가야 한다.

그럼에도 호주는 월드컵을 유치하기 위해 수단 방법을 가리지 않는다는 말을 들을 정도로 다걸기를 하고 있다. 호주축구협회는 최근 1137만 달러를 주고 유럽 출신 로비스트 두 명을 고용했다. 2008년에는 프랭크 로이Frank Rowy 호주축구협회장이 FIFA 집행위원 24명을 부부 동반으로 불러 만찬을 제공하면서 부인들에게 보석 목걸이를 선물로 주었다.

카타르는 인구 30만 명 중 외국인이 15만 명인 소국이다. 서울 용산구(인구 25만 명)에 경기장 12개를 짓겠다는 것과 비슷하다. 블라터 회장과 카타르 국왕이 가깝다는 소문이 나있지만 국토의 크기와 인구 면에서 난점이 있다.

일본 유치위원회는 FIFA에 제출한 설명 자료에서 월드컵 경기장에 200개의 고성능 카메라를 설치해 특수 안경 없이 볼 수 있는 3D 영상을 장내 대형 스크린과 거리 응원 장소에 발신하는 계획을 제시했다. 그런데 일본의 정치 경제가 2002년 월드컵 유치 신청을 할 때 같지는 않다. 일본축구협회의 자국 내 위상도 한국축구협회만 못하다.

2022 월드컵 유치전에서 중국 변수도 작용하고 있다. 2008년 베이징 올림픽을 개최한 중국은 14년 만인 2026년 월드컵을 개최하고 싶어 한다. 비유럽의 한 대륙에서 월드컵이 두 번 연속 열린 전례가 없기 때문에 2022년 아시아 국가가 월드컵을 유치하면 2026년 중국 개최가 어려워진다. 그래서인지 웨이디 중국축구협회장은 미국의 2022년 월드컵 유치를 지지하는 발언을 한 바 있다. 중국이 다른 아시아 국가의 월드컵 유치를 방해하는 태도는 아시아를 중심과 변방 개념으로 파악하는 중화 중심

주의의 산물이라는 반발도 만만찮다.

숨은 복병 중국과 블라터 변수

한국은 12개 도시에 있는 14개의 경기장을 FIFA에 제안했다. 그 중 10곳은 2002년 때 지어 현재 운용 중이다. 한승주 2022월드컵유치위원장은 "우리가 2022 월드컵을 유치하면 북한에서 몇 경기가 열리도록 하겠다"고 말했다. 현재는 남북 관계가 경색돼 있지만 12년 후에는 어떻게 변할지 아무도 모른다. 지구상에 마지막 남은 분단 국가에서 길이 남을 평화의 유산을 만들어 낼 수도 있다.

블라터 회장은 내년 5월 75세의 고령으로 4선에 도전한다. 정몽준 FIFA 올림픽조직위원회 위원장은 런던에서 블라터 회장을 만나 "내가 회장 선거에 안 나가고 당신을 도울 테니 당신은 한국을 찍으라고 말했다"고 소개했다. 2022년 월드컵 단독 개최에 성공하면 아시아 최초의 단독 개최국이 된다. 일본의 정치 경제가 지지부진하고 중국이 신청을 하지 않은 2022년이야말로 우리에게는 천재일우千載一遇의 기회가 아닐 수 없다.*

* 2010년 12월 2일 스위스 취리히에서 열린 FIFA 총회에서 2018년에는 러시아가 2022년에는 카타르가 월드컵을 개최하기로 결정되었다.

채널A 〈황호택의 눈을 떠요〉

출연 **이혜훈** 새누리당 최고위원 | 2012. 12. 26

“이멜다 여사 구두 2200여 켤레가 박물관에 있는 거 아닙니까? 그리고 ‘여보, 대통령 얼마 안 남았는데 애들 집이라도 장만해야지’ 하면 대통령도 흔들릴 수 있는 거고요. 여성이라서 꼭 부패하지 않는다는 공식이 맞을까요?”

_ 이혜훈 새누리당 최고위원과의 대담 중

“인간이 새옹지마예요. 공천 못 받으셨을 땐 서운했겠지만 혹 청와대나 정부에 들어가면 배지가 없어서 더 홀가분하잖아요?”

_ 이혜훈 새누리당 최고위원과의 대담 중

言中有骨 6

출연 **인명진** 목사 | 2013. 2. 15

"민주당 쪽과 경력이 가까운 거 같은데요. 2006년 새누리당의 전신인 한나라당의 윤리위원장을 맡았고 이명박 후보 지지 활동을 했는데요. 유신 때 민주화 운동을 같이 했던 동지들로부터 '배신자다' 이런 이야기 듣지 않으셨습니까?"

_ 인명진 목사와의 대담 중

7

경쟁과 과학을
장려하는 나라

풍요 속에서 자란 20대의 현실과 환상

2011. 12. 12

경북대 A교수가 서울시장 보궐 선거 때 학생 30여 명을 대상으로 모의 투표를 했다. "여러분이 서울시민이라면 나경원, 박원순 후보 가운데 누구에게 투표하겠느냐?" 거의 모든 학생이 박 후보 쪽에 손을 들었다. 젊은이들일수록 정치 성향에서 지역색이 엷고 세대 및 계층 의식이 확연함을 보여 준다. 경북대 정맹준 교수(나노공학부)는 "현실에 대한 답답함과 미래에 대한 막연한 불안감에서 대학생들이 '바꾸면 나아지겠지' 하는 기대 심리를 갖고 있다"고 말했다.

20대 대졸 실업자 B씨는 부모에게서 "요즘 아이들은 어려움을 모르고 자라서 나약한 것이 탈이야"라는 설교를 지겹도록 들으며 자랐다. B씨는 "부모님 세대는 그래도 좋은 대학 가면 좋은 직장이 생겼고 생활이 안정됐지만 우리는 끝이 안 보이는 세대"라고 불평했다. "고교 때는 대학 입시를 위해 모든 것을 희생합니다. 대학에 들어가서는 스펙 쌓기와 학점 경쟁이 벌어집니다. 언제나 치열한 경쟁 속에서 살지만 경쟁을 통과해도 성공이 보장되지 않습니다. 좋은 직장은 한정돼 있습니다. 일자리가 없으니 미래를 설계할 수도 없지요."

B씨의 부모 같은 50, 60대는 지금 젊은이들처럼 풍요 속에서 성장하지는 못했지만 우리 역사상 가장 혜택받은 세대다. 그들은 한국 경제가 요즘의 아프리카 케냐 수준이던 1950, 1960년대에 태어났다. 그러나 지금은 삶의 질을 보여 주는 지표인 구매력 기준 1인당 국내총생산(GDP)이 일본을 비슷하게 따라잡은 나라에서 살고 있다. 부지런히 뛰어다닌 사람들은 먹고살 만큼 재산을 불릴 수 있었고 대학을 나오면 직장을 골라잡았다.

현재의 답답함과 미래의 불안감

'요즘 아이들'은 고교 졸업생의 80%가 대학을 가고, 대학을 나와 봐야 일자리가 없는 암울한 현실이 기다린다. 길고 긴 경쟁의 터널을 통과해도 미래가 보이지 않는다. 반값 등록금 시위의 근본 원인은 비싼 등록금을 4년간 꼬박꼬박 내도 좋은 직장을 구하기 어렵다는 데 있다. 의대생들은 등록금이 더 비싸지만 반값 등록금 시위를 하지 않는다. "문제는 등록금이 아니라 일자리"라고 교수들은 말한다. 책임 있는 정치인이라면 반값 등록금 이

전에 일자리를 말해야 한다.

명지대 김형준 교수는 젊은 대학생들에게 "어떤 사회가 되면 좋겠느냐"는 질문을 하면 '일할 기회를 달라,' '일한 만큼 정당한 대우를 받고 싶다'로 답이 압축된다고 밝혔다. 젊은 세대라서 복지 욕구는 크지 않다는 것이다. 젊은이들은 분배의 균등보다는 기회의 균등을 원한다.

그렇다면 고용 없는 성장의 시대를 맞아 어디서 일자리를 만들어야 하는가. 글로벌 경쟁에 내몰린 대기업을 향해 비용 따지지 말고 일자리만 늘리라고 주문할 수는 없다. 결국 일자리는 중소기업과 자동화가 어려운 서비스업에서 만들어 낼 수밖에 없다.

지상파 TV의 독과점을 깨고 새로 출범한 4개 종합편성 채널은 외주 제작사와 연관 산업 후방 효과를 합쳐 수만 개의 일자리를 만들어 내고 있다. 종편이 자리를 잡아 한류 콘텐츠가 풍성해지면 젊은이들이 좋아하는 일자리가 더 늘어날 것이다. 방송 미디어 시장뿐 아니라 영리 병원, 관광, 한류 업종 등 서비스 산업의 규제를 혁파하고 제조업 수준의 혜택을 부여해 산업구조를 바꿔 가야 한다.

의식 조사 결과를 보면 요즘 대학생들은 좌파나 우파라기보다는 실리적인*practical* 경향이 강하다. 지금은 좌左 쏠림 현상을 보이지만 2007년에는 이명박 대통령에게 압도적 지지를 보냈던 그 젊은이들이다. 과거의 20대와 다른 점이 있다면 소셜 네트워크 서비스(SNS)라는 무기를 갖고 있고 '내가 참여하면 정치를 바꿀 수 있다'는 자신감이 강하다는 사실이다. 2010년 지방 선거 때 20대의 투표율은 2007년 대선 때보다 10.3%나 높았던 것으로 조사됐다. 아직도 50대보다는 투표율이 낮지만 투표 증가율을 보면 가파르다. 20대의 최대 고민을 해결해 주지 않고서는 어떤 정치 세력도 희망이 없다.

안철수, 박원순 씨도 대안 있어야

안철수, 박원순 씨가 대학생들의 미래에 대한 불안감을 해결해 줄 대안을 내놓은 것은 아니다. 하지만 청춘콘서트를 하면서 젊은이들과 소통한 안 씨나 시민 운동을 하면서 사회의 바닥을 훑은 박 씨에게 대학생들은 동질감을 느끼고 고민을 털어놓을 수 있을 것으로 여기는 듯하다.

동국대 주창범 교수는 SNS 이용자들이 '약한 유대감*loose solidarity*'에 의존하기 때문에 공감하지 않을 때는 언제든지 상실감을 느끼지 않고 '관계 끊기'를 할 수 있다고 분석한다. 그래서인지 인기 정치인의 유통 기한이 무척 짧아졌다. 안철수, 박원순 씨도 현실성 있는 미래 비전을 제시하지 못하면 젊은이들이 한나라당과 민주당에 등을 돌린 것처럼 그들에게 다시 실망하고 분노할 것이다.

2040세대 소통법

2011. 11. 14

안철수 씨의 청춘콘서트가 전국 27개 지역을 돌며 불러 모은 청중은 4만 4000명이고, 자원봉사자 2700여 명이 힘을 보탰다. 안 씨는 벤처 캐피털리스트 존 도어John Doerr가 유명한 미국 방송인과 함께 무대 위의 소파에 앉아서 진행한 대담 강연에서 청춘콘서트의 형식을 빌려왔다. 강연은 연극처럼 청중 동원에 한계가 있기 때문에 강연 그 자체만으로는 안철수 현상을 만들어 내지 못했을 것이다. 〈MBC 스페셜〉에서 청춘콘서트를 방영하고 인터넷 매체, 소셜 네트워크 서비스(SNS)와 입소문을 타면서 20대, 30대 층에게 폭넓게 확산됐다. 〈시크릿 가든〉이 끝나고 현빈이 떴듯이 청춘콘서트가 서울시장 보궐 선거와 절묘하게 맞물리면서 안철수 씨가 부상했다.

윤석민 서울대 언론정보학과 교수는 안철수 현상을 관찰하기 위해 청춘콘서트 현장에 직접 가봤다고 한다. 그는 "한국에서 새로운 형식을 시도한 효과가 컸지만 대담 강연의 콘텐츠와 수준에는 실망했다"며 "현장에 가보지 않은 사람들에게 전파되는 효과가 더 컸던 것 같다"고 말했다. 반면에 연세대 김호기 사회학과 교수는 "청년 실업과 사회적 소외감 등으로 고민하는 젊은 세대들에게 다가가 소통하고 공감을 나누었다"고 청춘콘서트의 성공 이유를 분석했다.

짝퉁으론 청년 마음 못 붙잡아

교보문고 서울 광화문 매장에는 자칭 '총수' 김어준 씨의 저서 《닥치고 정치》가 스티브 잡스의 공식 전기와 어깨를 겨루며 쌓여 있다. 발매 한 달 만에 33쇄를 돌파한 책을 이곳저곳 50페이지가량 읽어 보고 덮었다. 팟캐스트 인터넷 방송 〈나는 꼼수다〉(나꼼수)도 스마트폰으로 내려받아서 아침 산보길에 몇 회 들어봤다. 1~5회는 한 시간 안팎이던 분량이 점점 길어지더니 홍준표 한나라당 대표 편은 무려 3시간 20분을 끌고 갔다. 서울시민 10명 중 3명가량이 나꼼수를 청취했다는 조사도 있지만 영화 한 편 볼 시간을 투자해 28회를 다 들은 사람이 얼마나 될지 모르겠다.

나꼼수는 사실을 과장하거나 비틀고 일방적으로 한쪽을 편들고 심지어 왜곡까지 한다. 나꼼수가 정치를 풍자하는 코미디라면 사실의 정확성을 따지는 것은 우습다. 젊은 세대는 콘텐츠의 질보다는 소통 방식이나 소통 매체의 새로움에 쉽게 반응하는 특징이 있다. 젊은 세대는 인터넷, 이메일, 메신저, SNS, 블로그 덕분에 스스로 지식이 높다고 생각하는지, 누군가가 어떤 가치를 주입하거나 교화하려는 데 대해 반발 심리가 강하다.

정치 풍자는 권력을 잡은 쪽을 놀리는 것이 신랄하고 정의롭고 재미있어 보인다. 나꼼수의 원조인 〈딴지일보〉도 노무현 정부 시절엔 별로 인기를 못 끌어 휴업했다. 그런 의미에서 우파 논객들이 만든 〈명품 수다〉는 애초에 성공하기 어려운 조건을 안고 출발한 셈이다. 매스컴 전공의 한 교수는 "우리 사회에서 건강한 토론 문화가 자리 잡지 못해 소주 마시고 떠드는 수준의 말초적인 토크가 반응을 얻고 있다"며 "곧 바닥을 드러낼 것"이라고 평가절하했다. 스스로 '고시 낙방생'이라고 털어놓는 서울대 김난도 교수의 《아프니까 청춘이다》는 척박한 출판 시장에서 130만 부가 팔리는 밀리언셀러를 기록했다. 나이 든 세대의 눈으로 보면 대단한 책 같지 않은데 젊은이들이 공감하는 내용이 많은 모양이다. 나는 "요즘 친구들은 뉴스와 정보는 인터넷이나 TV를 통해 얻으면 되지 굳이 신문을 읽을 필요가 없다고 생각하는 것 같다"는 이 책의 한 대목이 마음에 걸렸다. 인터넷 검색은 자기 주도적이어서 젊은 세대는 인터넷에서 기사를 찾아 자기 신문을 만들어 읽는다. 미국 매사추세츠공대(MIT) 미디어랩 니콜라스 네그로폰테Nicholas Negroponte 교수는 이 같은 신문 독법에 '데일리 미Daily Me'라는 이름을 붙였다. 김난도 교수는

"대조적인 논조를 싣는 신문 두 종류 정도를 함께 읽으라"고 조언하지만 '데일리 미'를 편식하고 나꼼수의 편향성을 즐기는 젊은이들에겐 통하지 않는 것 같다.

젊음에 다가가는 법부터 배워야

미국에서는 〈폭스 뉴스*Fox News*〉 같은 방송이나 러시 림보Rush Limbaugh 같은 우파 성향 논객의 라디오 토크쇼가 자극적인 표현으로 담론 시장을 주도하고 있는데, 한국에서는 좌우가 역전됐다. 한국의 우파는 보수의 가치를 즐거운 놀이와 축제로 만들어 젊은층에 확산시키는 선전전에서 밀리고 있다. 우파 쪽에는 나꼼수나 청춘콘서트 그리고 〈무릎팍도사〉 같은 독창적이고 재미가 넘치는 소통의 광장이 없다. 안토니오 그람시Antonio Gramsci의 논리를 원용하면 문화 전쟁에서 주도권을 좌파에 내준 셈이다.

김호기 교수는 2040세대가 기존 정치 사회에 재정치화와 정당 질서의 재편을 요구하고 있다고 분석했다. 기존 정당들이 살아남으려면 짝퉁 콘서트로는 안 된다. 2040세대와 소통하기 위해서는 먼저 젊은이들에게 다가가는 법, 함께 어울려 노는 법부터 배울 일이다. 메시지는 그다음이다.

긴축 시대에 케네디와 나폴레옹만 있나

2011. 7. 4

공짜라고 해서 반드시 악성 포퓰리즘은 아니다. 전철 공짜 표를 받는 65세 이상 노인들이 전철역을 오가고 계단을 오르내리다 보면 건강이 좋아져 국민건강보험 재정에 보탬이 될 것이다. 노인들을 지하철로 유도해 지상의 교통 체증과 유류 소비를 줄여 준다. 온양 온천에 가서 목욕을 하고 춘천에 가서 닭갈비를 사 먹는 노인들이 늘어나면서 서울 돈으로 지방 경제의 온기를 덥혀 주는 효과도 있다.

65세 이상 지하철 요금 무료화에서 훨씬 더 나아가 고속도로 통행료를 전면 무료화하면 어떻게 될까. 고속도로 통행료를 아끼기 위해 고속버스나 KTX를 이용하던 사람들도 차를 몰고 나와 교통 체증을 악화시키고 유류 소모와 CO_2 발생량을 증대시킬 것이다. 고속도로의 신설과 유지 보수 비용을 국가가 떠맡게 돼 납세자의 부담이 커진다. 결과적으로 차를 갖지 않은 사람, 대중 교통을 이용하는 성실한 사람에게 불이익을 안긴다.

일본 민주당은 2009년 4월 총선 공약으로 고속도로 통행료 무료화를 내걸었다. 집권 후 주요 고속도로의 주말 통행료를 1000엔으로 하는 통행료 상한제를 시범 실시하다가 동일본 대지진 이후 재원이 부족해 폐지했다. 일본 민주당이 총선 때 재미를 본 네 가지 선심 정책은 일본어로 발음하면 모두 K로 시작해 4K라는 별칭이 붙었다. 장기 불황으로 가라앉은 내수를 부추기는 측면이 있지만 고속도로 무료화를 포함해 복지 공약을 전부 실현하자면 16조 엔이 넘는 재원이 필요했다. 민주당은 집권 후 아동 수당과 고교 무상 교육만 시행하고 고속도로 무료화와 농가 호별 소득 보상 제도는 포기했다.

세금 아껴 쓰는 지도자 대망론

일본 민주당의 4K 포퓰리즘은 당명이 같은 한국 민주당으로 옮아붙었고 4·27 재·보선에서 패배한 뒤 초조해진 한나라당까지 전염됐다. 요즘 반값 등록금에 반대하다가는 대학생을 둔 부모의 고통을 이해하지 못하는 반동 부르주아지로 몰리기 십상이다. 그러나 대학 교육은 수익자 부담 원칙에서 접근할 사안이다. 정부가 대학 등록금에 보태줄 돈이 있으면 복지의 사각지대부터 챙겨야 한다. 전국 3690개 지역 아동 센터가 운영난을 겪고 있다. 가난한 아이들이 점심이나 저녁을 먹고 공부하는 곳이다. 한나라당 강명순 의원은 아동 센터 아이들에게 신발이나 학습 준비물을 살 수 있도록 매달 5만~7만 원을 주고 가난한 조손 가정에도 월 30만 원 정도를 지급하는 데 7000억 원 정도의 예산이면 충분하다고 말한다. 국민연금 미가입자가 500만 명이고 전기 요금, 수도 요금을 못 내는 가구도 많다.

세계 각국은 국가 부채를 줄이기 위해 긴축 재정의 고삐를 죄고 있다. 버락 오바마 미국 대통령의 비서실장이던 람 이매뉴얼Rahm Emanuel 시카고시장은 전임자로부터 재정 적자 6억 5000만 달러의 시한 폭탄을 넘겨받았다. 그는 시의회 의원을 50명에서 25명으로 줄이자고 제안했다. 시청 공무원들이 고급 레스토랑에서 밥을 먹고 주저 없이 꺼내던 공용 신용카드를 회수했다. 공무원노조에 대해서는 근로 조건 개혁과 정리 해고 중에서 택일하라고 압박한다.

〈뉴욕 타임스〉 칼럼니스트 데이비드 브룩스David Brooks는 "존 F. 케네디 대통령의 취임사는 대통령을 영웅적이고 고결한 지도자로 규정해 후대의 대통령들을 웅대한 이미지에 사로잡히게 만듦으로써 국가에 손상을 입혔다"고 비판했다. 민주화 시대의 대통령은 백마를 타고 진군나팔을 부는 나폴레옹 보나파르트가 아니라 국사國事의 우선 순위를 다투는 각기 다른 관점의 조정자로서의 기능이 중요하다.

8월 하순에 치러질 서울시 주민 투표는 오세훈 서울시장과

'공짜 점심' 포퓰리즘의 한판 승부가 될 것이다. 서울시민이 정치인 오세훈을 염두에 두고 투표할 필요는 없다. 오 시장이 주민투표에 시장직을 걸면 주민의 판단이 정치적으로 흘러 전면 무상 급식에 대한 주민 의사를 왜곡할 수 있다. 하위 소득 50% 가정의 자녀에게 단계적으로 실시하는 A안이든, 초중고생 전면 무상 급식의 B안이든 서울시는 투표 결과에 승복하면 된다. 지든 이기든 오 시장의 용기 있는 싸움은 그에게 원칙의 정치인이라는 이미지를 심어 줄 것이다.

복지 분수령이 될 서울시 주민 투표

정치권이 쏟아낸 무상 의료, 무상 보육, 반값 등록금 등 선심 정책을 모두 집행하려면 60조 원이 들어간다는 게 기획재정부의 집계다. 한국은 남북 대치 상황에서 국내총생산(GDP) 대비 국방비 부담이 프랑스, 독일 등 유럽 국가들에 비해 높다. 통일 이후의 비용에도 대비해야 한다. 아무 생각 없이 4K, 5K를 늘려가다 보면 미래 세대에 '돼지 국가'(PIGS)*를 물려주게 될 것이다.

사회 복지는 지속 가능성과 부문 간 균형성을 갖춰야 한다. 지금 우리에게 필요한 지도자는 케네디나 나폴레옹이 아니라 람 이매뉴얼처럼 국민 세금을 아껴 적재적소에 쓰는 지도자다.

* PIGS는 2010년 유럽 국가 재정 위기를 맞았던 포루투갈, 이탈리아, 그리스, 스페인의 첫 자를 딴 용어로 이들 국가의 방만한 재정 운영과 포퓰리즘 정책을 비판하는 맥락에서 흔히 사용된다.

'경쟁과 과학'이라는 킬러앱

2011. 4. 25

모든 문명은 평등하다는 말이 있지만 19세기 중반에서 20세기 중반까지 세계를 주도한 것은 분명히 서구 문명이었다. 1500년에 유럽 국가들은 전 세계 영토의 10% 정도를 보유했다. 그러나 1차 세계 대전이 발발하기 전해인 1913년 11개 유럽 제국은 전 세계 영토의 60%를 지배하고 전 세계 부의 79%를 생산했다. 16세기까지만 해도 전 세계에서 가장 큰 도시는 중국의 베이징이었다. 당시 베이징의 인구는 60만 명이었고 파리는 20만 명, 런던은 5만 명이었다. 1420년에 완공된 쯔진청紫禁城은 세계 최고의 문명이었다. 서구가 이렇게 앞섰던 중국 문명을 추월하고 세계를 선도한 요인은 무엇이었을까.

영국의 역사학자 니얼 퍼거슨Niall Ferguson은 새 책 《문명

— 서구와 그 나머지*Civilization: The West and the Rest*》에서 서구에 우월성을 안겨준 대표적인 킬러앱*killer application*은 경쟁과 과학이라고 분석한다. 킬러앱은 경쟁 상품을 몰아내고 시장을 재편하는 제품이나 서비스를 의미한다. 스마트폰 시장에서 1000만 가입자를 확보한 카카오톡 같은 앱이 바로 킬러앱이다. 중국은 강력한 황제가 통치하는 통일 국가여서 혁신과 경쟁이라는 킬러앱을 육성하지 못했다. 반면에 유럽은 수많은 산과 강으로 분할돼 통일을 이루지 못하고 도시 국가로 발전하면서 각국이 창조적 경쟁에 몰두하게 됐다.

KAIST 본령 흔들려선 안 돼

중국 명나라 영락제永樂帝 때인 1405~1433년 정화鄭和가 황제의 명을 받아 7차례에 걸쳐 대선단大船團을 지휘해 서남아시아를 거쳐 아프리카 케냐까지 30여 나라에 원정했다. 1492년 크리스토퍼 콜럼버스Christoper Columbus가 신대륙을 발견하기 훨씬 전에 중국의 대륙 탐험이 있었다. 하지만 영락제가 죽고 나서 돛대 2개 이상을 가진 배를 만들어 먼바다로 나가는 것은 사형에 해당하는 범죄가 됐다. 중국과 달리 유럽에서는 여러 나라의 군주가 식민지 확보 경쟁을 벌였다. 서구가 신대륙을 발견하지 못했더라면 유라시아 대륙의 낙후 지역으로 전락했을 것이다.

유럽은 과학자를 우대했다. 1727년 아이작 뉴턴Isaac Newton이 죽었을 때 그의 시신은 4일 동안 영국 런던 웨스트민스터사원에 안치됐고 공작, 백작, 대법관들이 운구를 맡았다. 프랑스의 작가 볼테르Voltaire가 이 광경을 목도하고 천한 집안 출신의 과학자가 제왕 같은 장례식을 가졌다고 기록했다. 오늘날의 위대한 과학적 발견, 의약품, 정치, 제도, 대학의 학문이 대부분 서구에서 유래된 것은 우연이 아니다. 세계 역사에서 경쟁과 과학을 장려한 나라는 흥했고 그러지 않은 나라는 쇠했다. 한국이 20세기 초 식민지의 고통을 겪은 것도 바로 경쟁과 과학을 소홀히 했기 때문이다.

나는 2008년 KAIST에 진학한 아들의 입학식에 참석했다. 서남표 총장은 영어와 한국어로 동시에 진행된 입학식에서 21세기의 과제인 에너지, 환경, 물 그리고 자연과 천연자원을 보존 관리하는 지속 가능성을 해결하기 위해 학문 연마와 리더의 자질을 길러 달라고 강조했다. 학부모들의 마음을 뿌듯하게 하는 입학식이었다.

KAIST 학생 4명이 자살한 것은 안타까운 일이다. 특히 전문계 고교 출신 로봇 영재를 입학사정관 제도로 뽑아 놓고 영어 수업에 적응 못하도록 방치한 것은 대학의 잘못이 크다. 그러나 이 나라의 대표적인 공과 대학에서 부적응 학생이 발생했다고 해서 경쟁과 과학 영재의 육성이라는 본령을 소홀히 해서는 안 될 것이다. 부적응 학생은 상담과 치유 차원에서 접근해야 한다.

영재 집단에도 나약한 심성을 가진 학생들이 있을 것이다. 그해 입학식의 말미에 학생처장이 "어머니들이 학교에 전화 좀

걸지 말아 달라"고 당부하던 말이 인상적이었다. "학생들이 기숙사에 불만이 있으면 사감에게 시정을 요구하고, 그것도 성에 안 차면 학생처장실이나 총장실로라도 쳐들어가 스스로 해결해야 합니다. 왜 대학생 자녀를 유치원생 어머니처럼 챙겨 줍니까." KAIST에는 과학고 출신 학생이 70~80%에 이른다. 엄마가 알아서 다 챙겨 주는 헬리콥터맘이 아이들의 의존증을 강화하고 심성을 약하게 만들 수 있다. 경쟁적 상황에 수반되는 스트레스를 견뎌 내는 강한 심성을 기르는 일은 인생에서 학업 성적 못지않게 중요하다.

나약한 심성 강하게 단련해야

나는 징벌적 학점 제도에는 반대한다. 행동 심리학에 심리 회계 *mental accounting*라는 말이 있다. 학점이 나쁜 데 따른 열패감과 상실감이 클 텐데 남들이 안 내는 수백만 원의 등록금을 부모에게 타내자면 죽기보다 더 싫을 것이다. 수입이 없는 학생들에게 수백만 원은 심리 회계상 지갑이 두툼한 어른이 인식하는 돈의 크기와는 다르다. 경쟁에서 앞선 학생들에게 상을 주어 선망의 대상이 되게 하는 것이, 뒤처진 학생들에게 '징벌'을 주는 방식보다는 교육적으로 효과가 크고 부작용이 적다.

가짜 박사녀의 Kiss & Tell

2011. 3. 28

사회적 기업 수다공방을 경영하는 전순옥 대표는 신정아 씨의 자전적 에세이《4001》이 나오기 전까지는 신 씨에게 일말의 동정심을 품었던 사람이라고 스스로를 소개했다. 그는 "신 씨가 우리 사회의 관음증과 상업주의 저널리즘에 희생당했다는 생각이 들었다"고 말했다. 그러나 "《4001》을 보고서는 생각이 바뀌었다"면서 "등장 인물들에 대한 가정 파괴와 사회적 매장 행위를 너무 쉽게 내지르고 있다"며 분노를 표시했다. 그의 말마따나《4001》에는 인성에 대한 근본적 회의를 품을 수밖에 없는 비수가 곳곳에 번득인다.

가짜 박사 학위에 관한 장황한 배경 설명과 구차한 논리를 뭉뚱그려 한 줄로 요약하면 '예일대가 있는 뉴헤이븐에 상주하지 않고 논문 대필자를 두어 박사 학위를 따려다가 실패했다'는 것이다. 신 씨는 1981년 버지니아대의 논문을 베낀 학위 논문과 가짜 박사 학위로 대학 사회와 미술계를 뒤흔들어 놓고서도 '학위를 위조했던 것은 아니고, 나름대로 박사 학위를 따보려고 노력했다'고 둘러댄다.

좀 두꺼운 영어사전을 들춰보면 'kiss-and-tell'이라는 단어가 나온다. 직역하면 키스하고 다른 사람에게 말해 소문낸다는 뜻이다. '키스 앤드 텔'은 매력 있는 여성이 사회적 명사들에게 접근해 성적 관계를 가진 뒤 황색 신문에 폭로하거나 책으로 출판해 수익금을 챙기는 행태를 의미하는 단어로 자리 잡았다. 신 씨는《4001》서문과 책 홍보를 위한 기자 회견에서 근사한 말을 쏟아냈지만 이 책이 전형적인 '키스 앤드 텔'임을 부인하기 어렵다.

인세 수입 노린 명사 상처 내기

신 씨는 변양균卞良均 씨를 책에서 똥아저씨라고 부른다. 卞을 똥변便으로 읽어 놀리는 말이다. 기획예산처 장관, 대통령정책실장을 지낸 변 씨는 신 씨와의 일로 불명예 퇴진했고 수감 생활을 했다. 고위 공직자가 아니었더라면 그처럼 혹독한 죗값을 치르지 않아도 됐을 것이다. 신 씨는 "똥아저씨가 대학 다닐 때 꽃뱀에게 걸려 처음으로 여자와 잔 이야기도 불었고, 처음에 나를 꼬시려고 예술에 관심이 있는 척했지만 나를 자빠뜨리고 난 뒤에는 예술의 예 자도 꺼내지 않았다"고 빈정거린다. 이것이 5년 동안 '아픈 사랑'을 나누었다는 남자에 대한 예의인가. 변 씨와 가족을 두 번 죽이는 짓이다.

이 책에서 정운찬 전 서울대 총장(현 동반성장위원장)과 C 기자(현 공직자)가 가장 심하게 난타당했다. 신 씨가 너무 많은 사람에게 상처를 주어 줄소송이 제기되면 책이 얼마나 더 팔릴지 모르지만 인세만으로 감당하기 어려울 수도 있을 것이다. 내용이 진실에 부합하고 공공의 이익을 위한 목적이면 '출판물에 의한 명예훼손죄'가 성립되지 않지만 《4001》을 공공의 이익을 위해 집필한 책으로 보기에는 사익 추구와 보복 심리의 그림자가 너무 짙다.

나는 성곡미술관을 방문해 신 씨에게서 직접 작품 설명을 들으며 전시회를 관람할 기회가 있었다. 큐레이터는 식사를 하는 자리에서 "미술 공부에 미련을 접을 수 없어 전공이 다른 국내 대학을 중퇴했고, 캔자스대를 졸업하고 MBA를 했으며 예일대에서 박사 학위를 취득했다"고 말했다. 그의 정체가 드러난 후에 돌이켜보니 배우의 연기처럼 거짓말을 천연스럽게 잘했다는 생각이 든다.

보통 사람들도 거짓말을 가끔 하고 산다. "늦은 저녁 / 그녀는 어떤 옷을 입을지 망설였지 / 화장을 하고 긴 금발머리를 빗어 내렸어 / 그리고 내게 물었지 '나 괜찮아 보여' / 나는 대답했네. '그래 오늘 밤 당신은 너무나 아름다워'" 에릭 클랩턴이 부른 〈멋진 오늘밤*Wonderful Tonight*〉의 가사처럼 성장盛裝한 아내가 집을 나서며 "나 괜찮아 보여?"라고 물을 때 "별로야"라고 대답할 수 있는 간 큰 남편은 거의 없다. 우리 모두는 가정과 직장의 평화, 그리고 자신의 정신 건강을 위해 조금씩 거짓말을 하고 산다.

진실한 사죄 없는 자기 합리화

그러나 신 씨의 거짓말은 사회적 신뢰를 파괴한 행위다. 그는 가짜 학위로 교수 자리를 얻고 사회적 지위와 명성을 획득했다. 《나는 나를 위로한다》의 저자 이홍식 교수(연세대 의대 정신과)는 "책에 나온 인물들의 존엄과 가치를 대중 앞에서 망가뜨리고 그 사람들의 가족과 자녀들에게 지울 수 없는 수치심을 주었다"고 말했다. 자기애의 집착에 빠져 있는 사람들은 타인에 대한 배려가 부족하고 자기합리화가 심해 분노나 섭섭함을 자기중심적 사고 체계 속에서 극단적으로 표출한다고 전문가들은 진단한다.

신 씨는 책 서문에 "오랜 세월, 천천히, 나로 인해 직간접적으로 고생하신 많은 분들을 위해 가슴 깊이 사죄드리며 살아갈 것이다"라고 썼다. 하지만 이런 식의 '키스 앤드 텔'은 진정으로 사죄하는 마음과 한참 거리가 멀다.

계층 간 평등과 세대 간 정의

2011. 2. 14

사회적 약자인 저소득층이 최소한의 인간적인 삶을 영위하도록 여유 계층에서 세금을 거두어 분배 정책을 쓰는 것은 나라마다 정도의 차이는 있지만 국가의 기본적인 책무에 속한다. 복지의 이러한 기본 개념에서 어긋난 것이 최근의 전면 무상 급식 논란이다. 세금으로 중산층과 부유층의 학생들에게까지 공짜 점심을 제공하는 것은 가난한 사람들에게 돌아갈 몫을 빼앗는 것과 다름없다. 무상 복지 시리즈의 치명적인 약점은 계층 간 불평등의 완화에 보탬이 되지 않으면서 세대 간 정의*generational justice*를 해친다는 점이다.

우리 사회는 지역 간 계층 간 불평등에 대해서는 매우 민감하지만 세대 간 정의와 불평등에 대해서는 무지하거나 둔감

한 편이다. 미국의 철학자 존 롤스John Rawls는 저서 《정의론*A Theory Of Justice*》에서 "동시대인과 마찬가지로 다른 세대에 속하는 사람들도 서로 간에 책무가 있다"고 설파했다. 각 세대는 문화와 문명의 장점들을 보존하고, 국부國富와 정의로운 제도를 유지하고, 당대에 적절한 양의 실질적인 자산을 축적해 후속 세대에 넘겨줄 의무가 있다는 것이다. '미래 세대가 필요한 것을 충족할 수 있는 범위 내에서 현 세대가 필요한 것을 충족시키는 것'이라는 의미의 '지속 가능한 개발'도 같은 철학에 기반을 두고 있다.

아들, 손자 빚으로 부담하는 복지

우리 사회에서 베이비부머(1955~1963년생)의 부모 세대는 끼니를 거르면서도 자식들을 학교에 보냈다. 베이비부머는 부모 세대의 피땀과 희생을 바탕으로 앞선 세대보다 교육을 더 받을 수 있었다. 베이비부머는 경제 성장의 과실을 처음으로 따먹기 시작한 세대다. 이들이 결혼하고 가정을 꾸리면서 마이카와 아파트 시대가 열렸고, 이들이 40대에 이르자 넓은 평수의 아파트 값이 폭등했다. 우리 사회에 늘 변화의 바람을 몰고 온 베이비부머의 은퇴와 함께 연금과 건강보험 재정 수요가 폭증하고 세대 간 정의 문제도 본격적으로 대두할 것이다.

영국 〈이코노미스트*The Economist*〉지는 미국에서 20년 안에 65세 이상 유권자가 17%에서 26%로 증가하면서 실버 민주주의가 도래할 것이라고 전망했다. 노인들은 투표율이 높아 일반 유권자보다 선거에서 더 큰 영향력을 발휘한다. 미국의 노인들은 연금과 메디케어(65세 이상 고령자를 위한 의료보험) 혜택을 더 많이 주겠다는 후보에게 표를 던지는 경향을 드러낸다. 중년들도 자기들이 곧 늙으리라는 예상에서 투표 성향이 비슷하다. 이른바 실버 민주주의에서는 국가가 미래와 관련된 교육이나 보육보다는 표를 많이 가진 노인 복지에 더 많은 재정을 투입한다. 국가가 마치 이익금을 대부분 퇴직 사원들에게 나눠 주는 회사처럼 되는 것이다.

미국 〈뉴욕 타임스〉 2011년 1월 27일자 기사에 따르면 일본에서 오늘 태어난 아이는 오늘 은퇴하는 사람보다 연금, 건강보험과 기타 정부 지출에서 일생 동안 약 1억 엔을 덜 받을 것으로 예상된다. 일본의 베이비부머인 단카이團塊 세대(1947~1949년생)는 정규직 지위와 종신 고용을 즐겼다. 그러나 지금의 일본은 15~24세의 45%가 비정규직 임시직으로 정규직 봉급의 절반 정도를 받는다. 이 수치가 1988년에는 17.2%에 불과했다. 일본은 2055년이면 인구의 45%가 65세 이상인 초고령화 사회로 접어들게 된다. 일본의 젊은 세대는 시원찮은 일자리를 갖고 뼈 빠지게 벌어 노인 세대의 연금과 건강보험을 충당해야 할 판이다.

한국의 정치인들은 계층 간 불평등 의식을 자극하며 공짜 쿠폰 나눠 주기 식의 복지 정책으로 표 얻기에 바쁘다. 국가의 미래상을 설계하는 대신에 눈앞의 이익을 좇는 유권자에게 영합하는 정치인들이 많아지면 결국 그리스, 스페인, 포르투갈 같은 국가 부도 위기에 몰릴 것이다. 현 세대가 감당을 못하는 천문학적인 국가 부채는 아들 세대, 손자 세대로 내려가게 된다. 저출산으로 인구가 적은 젊은 세대는 앞 세대가 물려준 국가 부채를 짊어지고 수명이 길어진 은퇴 노인들의 뒷바라지까지 하자면 허리가 휠 수밖에 없다. 연금, 건강보험, 공짜 점심, 무상 복지 시리즈와 재정 적자도 세대 간 정의의 차원에서 긴 안목으로 바라볼 필요가 있다.

후속 세대에 자산 넘겨줄 책무

베이비부머의 은퇴가 본격화하면 한국에서 세대 간 정의 문제가 전면에 등장할 것이다. 다음 세대에 전개될 상황은 먼 훗날의 이야기인 것 같지만 대통령 선거 몇 번 치르고 자녀들이 성장해 시집 장가가는 사이에 한 세대는 훌쩍 지나가 버린다. 우리는 지금 지역 간, 계층 간 문제에는 핏대를 세우면서 세대 간 정의에는 눈감고 있다. 나라 전체의 파이를 키우는 일에도 소홀하다. 보편적 복지라는 미명 아래 계층을 가리지 않고 공짜 점심을 나눠 주는 것은 미래 세대 교육에 들어갈 한정된 자산을 낭비하는 일이다. 작은 나라에서 삼국 시대로 돌아가 갈라 먹기 싸움질을 하고 있을 때도 아니다.

채널A 〈황호택의 눈을 떠요〉

출연 **조순형** 전 자유선진당 의원 **김강자** 전 서울종암경찰서장 | 2013. 1. 11

"술도 전혀 안 하시고, 정치인들은 저녁 약속이 많은데 저녁도 집에서 드신다고 하던데, 어떻게 7선 의원을 하셨습니까?"

_ 조순형 전 자유선진당 의원과의 대담 중

성매매특별법 시행 8년 만에 헌법재판소가 이 법의 위헌 법률 심판을 하게 됐습니다. 매매춘은 인류의 시작과 함께 시작됐고 침팬지 등 동물의 세계에서도 관찰된다고 합니다. 모쪼록 충분한 사회적 논의를 토대로 헌법재판소가 합리적이고 현실적인 결론을 내려 주길 바랍니다.

_ 클로징 멘트

言中有骨 7

출연 **정균환** 전 민주당 의원 **조수진** 〈동아일보〉 정치부 차장 **김현정** 자살예방협회 위원 | 2013. 1. 9

"17대 총선 때 전북에서 열린우리당으로 안 가고 새천년민주당에서 출마했는데 전북 11개 선거구를 열린우리당이 석권했죠. 그때 왜 열린우리당으로 안 가셨습니까?"

_ 정균환 전 민주당 의원과의 대담 중

자살하는 사람들의 80%가량은 죽기 전 신호를 보낸다고 합니다. 생의 위기에 처한 사람들에게 따뜻한 위로의 말 한마디가 소중한 인명을 구할 수도 있습니다. 육체의 건강과 마찬가지로 정신 건강과 관련해서도 주저 없이 정신건강의학센터에 찾아가 진료를 받는 인식의 전환도 중요하다고 생각합니다.

_ 클로징 멘트

8

한 세기를 짓누른
일본 콤플렉스

한국인은 '일왕 전쟁 범죄' 사면한 적 없다

2012. 8. 27

이명박 대통령은 3년 전부터 독도를 방문할 계획을 잡고 있다가 임기 말에 실행했다. 독도는 역사적으로나 실효적으로 우리 영토다. 이 대통령의 독도 방문을 두고 "불법 상륙" 운운하는 일본 정치인들은 한국 침략의 역사적 죄업부터 반성해야 한다. 이 대통령이 일왕日王의 사죄를 직접 언급한 것에 대해서는 한국 내에서도 조금 다른 의견이 있다. 하지만 이 대통령이 교사들에게 독도 방문에 관한 소회를 털어놓은 과정에서 나온 이야기임을 감안한다면 일본인들이 흥분할 일만은 아니다. 일본인들은 일왕을 신성불가침神聖不可侵의 존재로 인식하고 있지만 한국인은 일본 제국주의의 우두머리인 일왕의 피해자로서 당당하게 비판할 권리가 있다.

일본인들은 일본 왕실이 한국 침략과 전쟁 범죄에 중대한 책임이 있음을 망각하고 있다. 제국헌법에 따르면 국정 운영과 관련한 모든 권한은 일왕으로부터 나온다. 11조는 '천황은 일본 군대의 통수권자'라고 못 박고 있다. 일본 군인들은 '천황 폐하 만세'를 외치며 동아시아를 유린했다. 그러나 더글러스 맥아더Douglas MacArthur는 일왕과 왕족을 전범 재판에 회부하지 않고 왕실을 지켜 줌으로써 일본인의 복종을 끌어내고자 했다. 총리를 지낸 도조 히데키는 "어떤 정부 관리도 천황의 뜻을 거역해 행동하지 않았다"고 법정에서 진술했다가 미군과 일본 관리들의 설득을 받고 증언을 번복해 일왕의 때를 벗겨 주었다. 그는 전범 재판에서 일왕의 죄목까지 뒤집어쓰고 처형됐다.

맥아더, 히로히토 '전범 소추' 면제

맥아더는 일왕을 이용해 일본을 아시아에서 공산주의를 막는 전진 기지로 만들고자 했다. 맥아더가 점령 정책의 효율성을 위해 일왕 히로히토에게 면죄부를 줌으로써 오늘날 일본인이 전쟁 범죄를 부인할 수 있는 토대를 마련해 줬다. 독일의 나치는 전후의 의회와 정부에서 일절 배제됐으나, 일본에서 A급 전범이었던 기시 노부스케岸信介 같은 사람은 나중에 일본 총리가 됐다.

아키히토明仁 일왕은 부왕父王 히로히토裕仁가 한국인을 비롯한 아시아인에게 저지른 전쟁 범죄에 대해 일본 국민을 대표해 사죄할 책무가 있다. 일본의 전후 세대가 "한국은 왜 우리가 태어나기 전에 일어난 문제로 우리를 괴롭히느냐"는 반응을 보이는 것 자체가 이웃 나라에 고통을 준 침략의 역사를 제대로 가르치지 않았기 때문이다.

차기 총리감으로 거론되는 하시모토 도루橋下徹 오사카 시장은 이 대통령의 위안부 언급을 겨냥해 강제 동원의 증거를 대라고 목소리를 높였다. 하시모토 시장을 위해 〈뉴욕 타임스〉의 니콜라스 크리스토프Nicholas Kristof 도쿄 특파원(현재 칼럼니스트)이 1995년 스즈키 다쓰고로라는 식당 주인을 인터뷰한 기사를 소개한다. 미군이 일본 본토에 진주할 때 25세였던 스즈키는 "일본 여인들의 순결을 보호하기 위해 우리는 미군의 성적 배설 장소를 만들라는 임무를 부여받았습니다. 정부의 지원으로 그때 귀했던 침구를 구해 식당을 유곽으로 바꾸었습니다. 정부가 30명의 여성을 공급해 줬습니다"라고 말했다.

이 인터뷰를 통해 젊은 병사들의 성욕을 해결해 주기 위한 위안부 배치를 일본 정부가 뒤에서 기획하고 실제 집행은 민간에 맡겼음을 알 수 있다. 일본군 위안소도 딱 이 방식으로 만들었다. 차이가 있다면 일본인 위안부는 돈벌이 욕심과 일말의 애국심이 뒤섞인 자의의 선택이었고, 조선인 위안부는 속아서 끌려간 성노예였다. 하시모토 시장에게 충분한 설명이 됐을지 모르겠다.

일본이 미국에 항복한 지 6일 만에 총리 관저에서 만난 각료들은 섹스에 굶주린 젊은 미군 병사들의 성적 욕망을 어떻게 채워 주느냐에 관한 논의를 했다. 일본 각료들은 과거 자신들의 군대가 점령지에서 했던 대로 미군이 여성들을 눈에 띄는 대로 강간할 것이라는 두려움에 사로잡혀 있었다. 일본 정부는 미군 장병용 유곽을 설립하는 기구를 만들고 일본 여성들에게 미군 '위안부'로서 국가와 가족을 위해 애국적인 희생을 해달라고 호소했다.

과거 잘못 인정해야 화해 가능

일본군 부대에 본격적으로 위안소가 확대된 것도 난징 대학살이 일어난 1937년부터다. 아이리스 장Iris Chang이 쓴 《난징의 강간*The Rape of Nanking*》에는 트럭을 타고 다니며 여성들을 나이에 관계없이 붙잡아 들여 집단 강간했다는 일본 군인의 회고담이 들어 있다. 1937년 12월 난징의 일본 군인들은 살인 기계에 섹스 야수였다. 일본군이 난징에서 수주 동안 고문 강간 살해한 중국 민간인과 군인은 원자폭탄이 떨어진 히로시마와 나가사키의 사망자 수보다 많다. 그런데도 이시하라 신타로石原愼太郞 도쿄 도지사 같은 극우 인사는 "난징 대학살은 없었다," "한일합방은 한국인이 원해서 했다" 같은 망언을 밥 먹듯 한다.

우리가 동북아의 평화와 경제적 번영을 위해 일본과 협력을 해나가야겠지만 영토와 역사 문제에서는 양보가 있을 수 없다. 일본이 과거의 잘못을 인정하고 반성하는 전제 위에서 화해나 용서를 논의할 수 있을 것이다.

'마지막 황태자'와 저팬 콤플렉스 100년

2012. 7. 2

송우혜 작가가 11년 작업을 거쳐 소설《마지막 황태자》4권을 펴냈다. 그는 글을 쓰면서 고증하느라 진이 빠져 여러 차례 앓아누웠다. 이 소설은 마지막 황태자 이은李垠(영친왕)의 삶을 통해 바라본 조선 왕조 망국사亡國史다. 사학자이자 소설가인 그는 왜곡돼 있거나 제대로 알려지지 않은 역사적 사실을 바로잡기 위해 '다큐멘터리 역사 소설'이라는 장르를 택했다.

엄 귀비는 32세 시위상궁 시절에 고종의 승은承恩을 입었다. 민 황후는 고종이 모과처럼 못생긴 시위상궁과 잠자리를 한 것을 알고 나서 엄 상궁을 죽이려 들었다. 고종이 민 황후에게 사정해 가까스로 목숨을 부지한 엄 상궁은 궐 밖으로 쫓겨났다. 그러나 민 황후가 일본 낭인들에게 도륙당하는 바람에 그의 운명이 바뀌었다. 을미사변 닷새 만에 궁궐에 들어온 엄 상궁은 가마 두 채로 임금과 동궁(순종)을 러시아 공사관으로 빼내 아관파천을 성공시켰다. 그만큼 기지와 배짱이 대단한 여인이었다. 엄 상궁은 44세에 이은을 낳아 치마폭 정치를 통해 후사가 없는 순종의 뒤를 이을 황태자로 옹립했다.

조선통감 이토 히로부미는 1907년 이은을 일본에 데려가 동화시키는 작업에 들어갔다. 이은은 육사를 졸업하고 왕족 나시모토노미야 마사코梨本宮方子(흔히 이방자 여사로 불림)와 결혼해 일본 왕실에 편입됐다. 대한제국 왕실의 혈통에 일본 왕실의 DNA를 집어넣은 것이다. 미국의 B–29가 일본 본토를 공습할 때 육군 중장이었던 그는 "천황폐하에게 뵐 면목이 없다"고 토로할 정도로 충성스러운 일본 군인이 돼 있었다. 해방 정국에서 조선 왕실이 철저히 무시당하자 그는 귀국을 포기하고 일본의 퇴역 군인으로 쓸쓸한 노년을 보냈다.

송우혜 11년 대작의 '피눈물 역사'

19세기 말 이후 일본은 한국인에게 절치부심의 대상이자 콤플렉스의 제공자였다. 일본은 1964년에 도쿄 올림픽을 개최했고, 서울은 1988년 서울 올림픽을 치렀다. 한국이 '한강의 기적'을 이뤘음에도 한일 간에는 24년 이상의 격차가 존재했다.

한국인에게 넘을 수 없는 거대한 벽으로 존재했던 일본은 경제의 장기 침체로 활력을 잃은 노국老國이 돼가고 있다. 일본의 3대 전자업체인 소니, 파나소닉, 샤프는 반도체, TV, 휴대전화에서 삼성전자와 LG전자에 압도당해 이 부문은 아예 한국에 내주고 다른 업종으로 눈을 돌려야 한다는 진단도 나온다. 세계 최대 자동차 시장인 미국에서 도요타는 작년 12.9%의 점유율을 차지했고 현대·기아차는 8.9%까지 따라붙었다. 국제통화기금(IMF)은 한국의 구매력 평가 기준(PPP) 1인당 국내총생산(GDP)이 2017년 일본을 추월할 것이라고 전망했다.

고종의 외교 자문 역할을 했던 호머 헐버트Homer Hulburt는 《대한제국의 소멸*The Passing of Korea*》(1906) 서문에서 "조선인의 약점은 무지無知가 만연돼 있는 것이지만 기회가 주어지고 그 기회를 제대로 쓸 수 있게 된다면 생활 조건이 급격하게 향상될 것"이라고 평가했다. 이처럼 놀라운 통찰력을 가진 헐버트마저도 망국의 설움을 삼키던 코리아가 한 세기 만에 한류를 세계로 발신發信하고, 정보 기술(IT), 자동차, 철강, 조선, 해운, 건설 분야에서 세계 최고 수준의 경쟁력을 갖추리라고 예측하진 못했을 것이다.

대중 문화의 한류처럼 떠들썩하지는 않지만 기업 한류가 미국, 유럽, 남미, 중국, 인도, 터키, 러시아, 동남아시아에서 착실하게 뿌리를 뻗어가고 있다. 최근 현대자동차 공장이 있는 미국 앨라배마의 주도州都 몽고메리 시청을 방문했을 때 토드 스트레인지Todd Strange 시장이 준 명함은 한쪽이 영어이고 다른 쪽은 한글이었다. 국권 상실의 치욕을 딛고 100년 만에 세계 10위권 경제 대국으로 도약한 나라는 세계에서 한국이 유일하다.

송 작가는 “민족적 역량이 조선 왕조의 유교 문화에 짓눌려 무기력해졌다”고 망국의 원인을 진단한다. 그는 “고구려의 무용총 벽화에서 보듯 춤과 노래를 즐기는 기질과 광개토대왕의 진취성이 핏속에서 꿈틀거리다가 세계화를 이룬 오늘에 발현하고 있다”고 분석했다.

“지도자는 미래를 내다봐야”

세계에서 국경을 마주한 나라 중에 사이가 좋은 나라는 거의 없다. 프랑스와 독일은 16번이나 전쟁을 치렀다. 박정희 대통령은 광원과 간호사를 보내 주고 3000만 달러의 경제 개발 차관을 제공받기 위해 1964년 12월 독일을 방문했다. 루트비히 에르하르트Ludwig Erhard 총리는 박 대통령에게 독일, 프랑스의 역사를 언급한 뒤 “지도자는 과거에 집착하지 말고 미래를 내다봐야 한다”며 일본과의 국교 수립을 권유했다고 통역을 맡았던 백영훈 전 의원은 전한다. 한국은 일본군 위안부를 비롯한 과거사에 대해 똑바로 사죄하지 않는 일본에 역사와 독도 문제를 절대로 양보할 수 없다. 하지만 국가 안보와 경제 현안에서는 미래를 바라보며 때로 협력해나가야 한다. 이제 한 세기 동안 우리의 의식을 짓누른 저팬 콤플렉스를 털어낼 때도 됐다.

일본과 독일의 탈원전 따라갈 것인가

2012. 1. 9

발명왕 토머스 에디슨Thomas Edison은 전기가 여성을 가사 노동에서 해방시켜 주리라고 예견했다. 2차 세계 대전 후 노동자 계급의 가정에서도 가전제품을 사용하기 시작해 여성들은 힘겨운 가사 노동에서 벗어났다. 여성들이 남는 시간을 활용해 교육을 받고 직장에서 일할 기회가 늘어나면서 여권女權은 비약적으로 신장했다.

전기 혜택이 없는 사회는 빈곤을 탈출할 수 없다. 에너지를 풍부하게 이용할 수 있는 사회에서는 경제적 기회가 그만큼 많다. 제러미 리프킨Jeremy Rifkin은 저서 《공감의 시대*The Empathic Civilization*》에서 21세기는 에너지 확보가 개인의 사회적 권리이자 인권이 되는 세상이라고 썼다. 우리는 전기를 물이나 공기처럼 흔하게 쓰면서 전기가 문명과 문화, 그리고 인권 향상에 이바지한 공로를 잊고 사는지도 모른다.

일본 후쿠시마 원자력발전소 사고는 인류가 에너지 문제를 어떻게 해결해야 하느냐는 어려운 숙제를 제기했다. 후쿠시마 사고 이후 일본은 전체 원전 54기 중 48기의 가동을 중단했다. 나머지 원전 6기도 내년 봄까지 정기 점검을 위해 가동을 중단했다가 재가동을 하려면 지방 자치 단체의 허가를 받아야 한다. 그러나 주민과 지자체의 반발로 내년 상반기에는 일본에서 모든 원전이 정지될 것으로 전망된다.

나라마다 에너지 환경 다르다

일본은 모든 기업에 전력 소비를 30% 줄이도록 강제하고 있다. 최근 일본 공장의 해외 이전 러시는 전력난이 중요한 요인이다. 내년 여름 일본이 원전을 모두 없애고서도 위기를 넘기면 한국의 반핵 단체들은 "일본을 보라"며 목소리를 높일 것이다. 일본이 원전을 없애면 결국 CO_2를 발생시키는 화석 연료 의존도를 높여야 하고 전기 요금이 폭등할 것이다. 일본이 탈원전으로 가면 전기료가 50~70%가량 오르리라는 전망이 나온다.

작년 3월 앙겔라 메르켈Angela Merkel 독일 총리의 집권 기민당이 바덴뷔르템베르크 주의회 선거에서 58년 만에 패배했다. 후쿠시마 원전 참사가 불러온 나비 효과였다. 원전 의존율이 25%인 독일은 녹색당이 강세이고 전기를 프랑스와 체코에서 일부 수입해 쓰는 나라다. 메르켈 총리는 선거 패배 후 두 달 만에 2022년까지 모든 원자력 발전소를 폐쇄하겠다는 탈핵 선언을 발표했다. 과연 독일의 탈핵이 실현될지 세계가 주목하고 있다. 반면에 독일과 국경을 맞댄 프랑스는 원전 의존율이 75%로 세계에서 가장 높다. 주요 석유 석탄 수입국인 프랑스의 에너지 사정은 한국과 비슷하다.

환경주의자들이 찬미하는 신재생 에너지인 풍력, 태양광 발전으론 원전을 대체할 수 없다. 전력 생산 단가는 kWh당 원자력이 39원, 석탄 54원, 천연가스 147원, 풍력 128원, 태양광 859원이다. 월드컵 경기장만 한 용지의 원전 1기에서 생산하는 전력을 풍력으로 만들어 내자면 월드컵 경기장이 51개 필요하고, 태양광은 151개가 들어간다. 지금의 기술 수준으로 우리가 쓰고 있는 전력을 전부 태양광으로 공급하려면 거의 충청북도 면적의 땅이 필요하다.

생산 단가에서 원전에 가장 근접한 석탄 발전은 체르노빌 원전보다 결코 안전하지 않다. 중국에서는 석탄 채굴 과정에서 각종 재해로 매년 2000~3000명의 광원이 사망한다. 석탄을 태울 때 나오는 CO_2와 검댕은 온실가스를 증대시키고 주민의 건강을 해친다.

일본처럼 지진과 쓰나미가 잦은 나라는 국민의 불안감이 커서 원전 건설을 계속하기 어려울 것이다. 한국은 일본처럼 활발한 지진대에 있는 나라가 아니다. 후쿠시마 원전도 쓰나미 방벽을 4m만 더 높였거나 비상 발전기를 지하가 아니라 높은 곳에 두어 침수되지 않게 했더라면 대형 사고를 막을 수 있었다.

원전을 대체할 에너지원으로는 수소 연료 전지와 핵융합 발전이 가장 유력하다. 빌딩마다 수소 연료 전지를 이용한 발전소를 만들면 기업들은 필요한 에너지를 스스로 생산하는 시대가 올 것이다. 그런 기술의 발전소가 상업 운전으로 이어지기까지에는 장구한 세월이 걸릴 것으로 예상된다. 원자력 에너지가 지금으로선 현실적이고 불가피한 대안이어서 좀 더 완벽한 대안이 나올 때까지 가교 에너지 역할을 수행할 수밖에 없다.

전기는 이념이 아닌 먹고사는 문제

요즘 영하의 날씨에 난방 수요가 급증하면서 블랙아웃 사태가 벌어지지 않을까 조마조마하다. 민주통합당은 원전에 반대하고 있고 진보신당은 탈핵을 부르짖지만 대안을 내놓고 말해야 한다. 민주당 소속 최문순 강원지사는 도지사 후보 시절 '삼척 원전'에 반대했으나 지금은 "강원도가 오죽하면 원전까지 유치하려 했겠느냐. 안전성과 환경성이 확실히 보장되고 주민 의사가 반드시 투명하게 반영돼야 한다"며 유연한 태도로 돌아섰다. 사람이 먹고사는 것과 관련된 일에 지나치게 정치 이데올로기를 들이대는 것은 현명하지 못하다. 전기료가 비싸지면 가장 큰 타격을 받는 것은 서민의 생활권이다.

동티모르의 미래를 가꾸는 한국 교육의 힘

2010. 12. 20

12월의 동티모르는 우기雨期로 접어들었다. 싱가포르를 경유해 수도 딜리에 도착한 첫날 오후 세찬 비가 쏟아졌다. 하수 시설이 없어 해변 도로는 순식간에 흙탕물이 흐르는 개울로 변했다. 사람들이 차에서 내려 바지를 걷고 보트처럼 차를 밀고 갔다.

16세기부터 1975년까지 400여 년 동안 동티모르를 지배한 포르투갈은 이 나라에 가난과 혼혈, 가톨릭을 남겨 놓았다. 주민의 91.4%가 가톨릭 신자다. 1989년 동티모르를 방문했던 교황 요한 바오로 2세의 동상이 바닷가 언덕 성당 옆에 서 있었다. 한국에도 두 차례 왔던 교황이라 반가웠다. 교황의 방문은 동티모르인들의 독립 의지를 세계로 전파하는 계기가 됐다.

동티모르는 기본적인 삶을 영위하는 데 필요한 조건이 너무 열악하다. 100만 인구의 절반이 성인 기준 하루 0.88달러(세계은행 통계) 미만으로 생존한다. 산간 지역으로 갈수록 영양 실조가 심각해 주민의 키가 작고 팔다리가 가늘다. 딜리 시내에도 말라리아와 뎅기열을 옮기는 모기가 설친다. 석회가 섞여 있는 물을 잘못 마셨다간 설사병에 걸린다. 한국국제협력단(KOICA)이 추진하는 해수 담수화 플랜트가 완공되면 딜리의 물 부족이 다소 해소될 것으로 보인다.

〈맨발의 꿈〉, 산간 마을에서 상영

1999년 친인도네시아 민병대가 저지른 만행의 상흔이 11년이 흐른 지금도 곳곳에 남아 있다. 헤라공대는 인도네시아와 동티모르를 통틀어 세 번째로 좋은 공과대학이었다. 지금은 지붕과 내부가 불타고 벽만 남은 건물들이 잡초가 무성한 교정에 을씨년스럽게 서 있다.

인도네시아에서 외환 위기로 수하르토Soeharto 정권이 무너지면서 들어선 하비비Habibie 정부는 유엔의 압력으로 동티모르의 독립을 결정하는 주민 투표를 수용했다. 민병대는 독립파가 투표에서 이기면 피로 강을 이룰 것이라고 공공연히 협박했다. 1999년 8월 30일 유엔 주도로 치른 주민 투표에서 투표자의 78.5%가 독립을 지지하는 결과가 나오자 민병대는 닥치는 대로 살상, 방화, 약탈을 자행해 동티모르 주택, 건물, 학교의 70%를 파괴했다.

딜리를 벗어나면 그때 불탔던 학교 건물이 대부분 방치돼 있다. 새로 지은 교실도 양철 지붕에 천장이 없어 태양열이 그대로 교실로 쏟아져 들어온다. 창문은 아예 없고 낡은 칠판이 교실임을 알려준다. 풀이 자란 운동장에서는 돼지 가족이 산보를 했다. 동티모르 사람들은 돼지를 방목한다.

서경석 동티모르 대사는 "한국이 원조를 받던 나라에서 주는 나라로 전환한 세계 유일의 국가가 된 것은 교육의 힘"이라며 "한국의 원조는 교육 지원에 중점을 두는 것이 좋다고 생각한다"고 말했다. 서 대사는 산간의 작은 마을을 방문해 테툼어語 자막이 깔린 영화 〈맨발의 꿈〉(2010, 김태균)을 상영해 준다. 동티모르의 히딩크라는 말을 듣는 김신환 감독이 키운 유소년 축구단의 실화를 소재로 한 영화다. 서 대사는 염소 축사 같은 학교 교실 환경을 개선하는 일에도 정성을 쏟고 있다.

알롤라재단, 청암봉사상 받는다

동티모르의 비정부기구(NGO) 알롤라재단이 2011년 청암봉사상을 받는다. (청암은 포스코 설립자 박태준 명예회장의 아호이다.) 알롤라재단의 회장 커스티 구스망Kirsty Gusmão 여사는 호주 출신으로 인도네시아에서 동티모르의 독립 운동을 지원하는 비밀 요원으로 활동했다. 그때 독립 투쟁을 벌이다 20년형을 받고 복역 중이던 남편 샤나나 구스망Xanana Gusmão을 만났다. 그는 초대 대통령을 지내고 지금은 총리다.

동티모르에는 일부다처에 매매혼 풍습이 남아 있다. 신랑이 처가에 700달러 정도를 주고 아내를 데려온다. 아내를 돈 주고 산 소유물이라고 인식하는 남편들의 가정 폭력과 아내 학대가 심각하다. 알롤라재단은 여성 교육, 가정 폭력 방지, 모성 보호 같은 다양한 사업을 펼친다. 이 나라의 출산율은 7.8명이지만 영아 사망률이 높다. 여성들이 출산 때 산파의 도움을 받지 않고, 출산한 뒤에는 모유 수유를 기피하는 풍습 때문이다. 알롤라재단은 지역 건강 센터를 중심으로 산모의 건강 관리와 출산을 지원하고 모유 수유 장려 운동을 펼치고 있다.

동티모르에선 2011년부터 전국 고등학교(77개) 1학년부터 한국어를 외국어 선택 과목으로 가르친다. 교사의 봉급은 120달러 정도. 동티모르의 청년들은 숙식을 제공받고 한 달에 1000달러를 벌 수 있는 한국에 근로자로 가는 것이 최고의 꿈이다.

일요일 아침 해변을 산책하다 태권도 도복을 입고 한국어 구호를 외치며 맨발로 달리는 200여 명의 남녀 청소년과 만났다. 한국에서 보내준 중고 도복인 듯 '부산체육관,' '장흥태권도장' 같은 글씨와 태극마크가 부착돼 있었다. 1999년 유엔 평화유지군 상록수부대를 통해 첫 인연을 맺은 한국은 동티모르 청소년들에게 포르투갈과 인도네시아도 못 해준 '맨발의 꿈'을 심어 주고 있었다.

채널A 〈황호택의 눈을 떠요〉

출연 **김용택** 시인 | 2013. 2. 1

삶이 아무리 바쁘고 피곤하더라도 시 한편을 읽을 여유를 가진 사람은 행복할 수 있습니다. 오늘은 퇴근길에 가까운 책방에 들러 시집 한 권씩 사들고 집에 들어가시기 바랍니다.

_ 클로징 멘트

출연 **오신환** 새누리당 중앙청년위원장 **김용희** 평택대 국문과 교수 **문권모** 〈동아일보〉 산업부 차장 **박민혁** 채널A 정치부 기자 | 2012. 12. 27

대통령 선거 후 5060세대들이 '우리는 뒷방 노인이 아니다'라고 큰 소리를 내기 시작했습니다. 지금까지 영화나 가요나 정치가 그저 10대, 20대, 30대를 위한 것뿐이라는 불만이 그들 사이에는 많았습니다. 문화 콘텐츠나 소비재를 생산하는 기업들은 물론이고 정치까지도 돈도 있고 스마트폰으로 무장하고 정치 의식이 깬 50대, 60대에 눈을 떠야 할 것 같습니다.

_ 클로징 멘트

言中有骨 8

출연 **김형오** 전 국회의장 | 2013. 1. 21

국회의장 등 우리나라의 고위직을 지낸 분들이 남은 생에서 국가, 사회를 위해 봉사하는 모습은 보기에 아름답습니다. 저술 활동을 통해 지식과 지혜를 전파하는 것도 그 중의 하나라고 할 수 있습니다. 김형오 전 의장의 다음 대작을 기대하겠습니다.

_ 클로징 멘트

9

서민과 중산층을
위한 정당

등록금
반값 세일
'대학을 부탁해'

2011. 6. 20

1960, 1970년대에는 사각 학사모를 쓴 아들 사진을 집 안에 걸어놓는 풍습이 있었다. 부모의 재력과 교육열 그리고 아들 농사의 성공을 과시하는 사진이었다. 지금처럼 대학생이 흔하지 않던 시절의 이야기다. 1970년 전문대 이상 취학률은 5.4%, 1975년에는 6.7%였다. 이 시절 대학 졸업자들은 직장을 골라잡았고 어느 분야로 진출하든 리더의 자리로 올라갈 수 있었다.

1945년 광복 당시 중학교 이상 학력 소지자는 전체 인구의 1% 미만이었다. 문맹률은 53%에 이르렀고 특히 여성의 문맹률이 높았다. 충무아트홀에서 상영한 뮤지컬 〈엄마를 부탁해〉(원작 신경숙)에 등장하는 '까막눈 엄마'의 전설 같은 이야기에 젊은 세대들은 공감하기 어려웠을 것이다. 한국은 반세기 남짓에 대학

취학률이 70.1%(2010), 25~34세의 고등 교육 이수율이 세계 1위인 나라가 됐다.

1961년 1인당 국민 소득은 82달러였고 1965년에야 100달러를 턱걸이해 105달러가 됐다. 우리가 45년 만에 그 200배인 2만 달러 고지를 넘어서는 데는 교육의 힘이 컸다. 한국 교육은 뜨거운 교육열을 바탕으로 경제 발전에 필요한 인력을 양성했고, 경제 발전은 교육에 필요한 재원을 제공함으로써 교육 발전을 이끌었다.

지구상에서 대학생이 너무 많아서 문제가 된 나라는 한국이 유일할 것이다. 대학 수학 능력이 모자라도 마음만 먹으면 대학에 갈 수 있게 되면서 대졸 백수가 우리 사회의 골칫거리로 대두했다. 등록금만 꼬박꼬박 챙기는 부실 대학이 전국에 널려 있다. 정부가 일률적으로 반값 등록금 지원을 하면 숨넘어가는 환자에게 산소 호흡기를 달아주는 효과밖에 없다. 반면에 세계적인 대학들과 경쟁하기 위해 교수 및 시설 확충 투자를 필요로 하는 대학들도 있다. 대학을 평준화할 뜻이 아니라면 정부 지원에 옥석을 구별해야 한다. 그래야 국가 경쟁력을 높일 수 있다.

교수 직원, 등록금 고통 분담하라

대학 등록금에 보태줄 예산이 있다면 가난한 집안 출신 학생에게 장학금을 더 주거나 실업고 학생들을 지원하는 것이 옳다. 실업고나 전문대의 교육 여건을 개선하고 정책적으로 취업률을 높여 준다면 4년제 대학에 다니느라 젊음과 돈을 낭비하는 사회 분위기를 바꿔 놓을 수도 있을 것이다.

대학의 교수와 직원들도 학생들의 등록금 고통을 덜어 주는 데 동참할 필요가 있다. 대부분 대학에서는 등록금 수입의 50% 이상을 인건비로 지출한다. 지방대 S 총장은 "세계 랭킹을 다투는 대학이 아니라면 연구 기능을 축소하고 교육 중심으로 전환해 교수들의 강의 시수를 늘리면 등록금을 낮출 여지가 크다"고 말했다. 그는 "교수들의 연구를 위해 수업 시수를 줄여 주고 연구비 지원까지 해주지만 연구 논문이라곤 고작 3, 4명만 읽는 게 태반"이라고 실정을 전했다. 골프년年 소리를 듣는 교수 안식년을 줄이는 방법도 있을 것이다.

총장 선출 제도는 교직원 과잉 복지의 온상이다. 직선제든 간선제든 총장 후보는 환심을 사기 위해 봉급 인상을 포함해 복지 선물 세트를 내놓아야만 한다. 그래도 교수들은 외국 명문대에서 힘들게 박사 따고 강의 경력을 쌓다가 30대 중후반에야 조교수가 된다. 부교수를 거쳐 테뉴어(종신 교수)가 되려면 다시 8, 9년이 걸린다. 대학 직원은 약자라는 인식이 있지만 일의 강도는 기업에 비하면 훨씬 낮고 업무 보조 요원으로 근로 장학생을 쓴다. 교수와 직원 구분 않고 단일 호봉을 적용하는 일부 대학의 직원 평균 연봉은 7000만~8000만 원을 오르내린다. 억대 연봉을 받는 직원도 많다. 직원들은 방학 때 쉬거나 단축 근무를 한다. 학부모들은 등록금 고통으로 허리가 휘는데 직원들만 '신이 숨겨 놓은 자리'를 즐긴다면 공정 사회라고 할 수 없다.

세계 랭킹 상위 대학 많이 나와야

민주당이 '반값'과 '무상' 시리즈를 남발하면서 복지 정책의 주목도가 떨어지고 있다. 이번 논쟁은 한나라당 황우여 원내대표가 끄집어내면서 폭발력이 생겼다. 20, 30대에서 민주당에 밀리는 한나라당으로서 360만 명에 이르는 대학생 대학원생을 노린 회심의 카드일 수 있지만 과연 정책 하나로 표심이 휘딱휘딱 뒤집어질지 회의적이다. 정책 베끼기가 만연해 유권자들은 어느 게 어느 당의 공약인지도 혼란스럽다. 아주대와 건국대 총장을 지낸 오명 KAIST 이사장은 "정부의 지원이 있고 대학들이 자구 노력을 하면 등록금을 20%가량은 낮출 수 있다"면서도 신중한 검토를 거치지 않고 불쑥 반값 등록금을 터뜨린 감이 있다고 말했다.

경제 규모 13위인 한국에서 고작 서울대와 KAIST 정도가 세계 대학 랭킹 100위 안에 든다. 초라한 성적표다. 대학 경쟁력이 곧 국가 경쟁력이다. 10위권을 넘보는 대학도 생기고 100위권 안에 드는 대학이 대여섯 개는 나와야 한다. 대학 졸업장의 반값 세일에 정신이 팔려 있을 때가 아니다.

서울 중심 사회와 '달빛 동맹'

2011. 4. 11

지방 도시에는 특별 시민과 보통 시민의 구분이 있다. 서울 강남에 집을 한 채 사두고 자녀를 서울에 유학시키는 주민은 특별 시민이다. 지방 도시에 모든 가족이 함께 거주하는 주민은 보통 시민이다. 지방의 특별 시민은 금요일 저녁 서울에 올라와 처자와 함께 주말을 보내고 월요일 이른 아침 고속버스나 KTX에 몸을 싣고 사업장으로 내려간다.

서울에 권력, 금력, 일자리, 교육, 문화가 집중되면서 수도권과 비수도권의 격차가 날로 확대되는 양상이다. 동남권 신공항이 백지화되자 MB 정부를 향한 영남 지방의 여론은 악화 일로다. 영남권의 한 기관장은 "개인적으로 한국은 허브 공항 하나로 충분하다는 점을 인정한다"면서도 "매년 인구가 줄어들고 공장이 해외로 빠져나가는 공동화空洞化 불안 심리가 팽배하던 터에 신공항 백지화를 계기로 폭발하는 양상"이라고 분석했다.

한국보다 국토가 넓고 경제 규모가 큰 독일도 허브 공항이 하나다. 허브 공항이 둘 이상인 나라는 미국, 중국, 브라질 정도. KTX의 속도를 시속 350km로 높이면 전국이 90분 생활권에 진입한다. 다만 동남권에 허브 공항은 아니더라도 1~3시간 비행 거리의 중국, 일본의 도시들로 연결되는 중규모 국제 공항 하나는 필요하다고 지역 경제인들은 말한다.

통계청의 주민 등록 인구 통계에 따르면 영남과 호남을 합쳐 2010년에 전년보다 인구가 15만 9500명이 감소했다. 매년 경북 김천시나 전남 광양시만 한 도시가 하나씩 사라진다는 얘기다. 수도권은 영호남에서 유입하는 인구에 자연 증가 인구를 보태 2009년 43만 6000명, 2010명 47만 8000명이 늘었다. 영호남이 인구 감소세인 것과는 달리 충청권은 2010년에 전년보다 7만 9000명이 증가했다.

범수도권 이남의 상대적 박탈감

수도권 전철이 온양과 춘천까지 닿으면서 충청과 강원, 영서 지방까지 범수도권으로 편입되고 있다. 수도권 규제를 강화할수록 공장들이 경기도 도계道界를 넘어 충남북으로 내려간다. 요즘 천안, 탕정, 당진 등지에 가보면 지역 경제의 활기를 확인할 수 있다. 세종시 건설과 과학 비즈니스 벨트의 배치를 보며 영호남의 박탈감은 상대적으로 커지는 것 같다.

대구경북연구원장을 지낸 홍철 지역발전위원회 위원장은 "영호남 간 동서 화합 차원을 넘어 수도권에서 소외된 지역끼리 힘을 합치자는 분위기가 있다"고 말했다. "대구와 광주 사이에 여러 방면에서 교류가 활발합니다. 대구는 우리말 이름이 달구벌이고 광주는 빛고을이죠. 앞 글자를 따 '달빛 동맹'이라는 조어造語가 유행하고 있습니다. 남부권 연합이라고 할 수 있죠."

수도권의 첨단 업종 공장 신증설 규제를 완화해 주는 산업진흥법 시행령 개정안이 지방 출신 의원들의 반대에 부닥쳐 미뤄졌다. 수도권 규제 강화는 기업의 신규 투자와 일자리 창출만 막는 데 그칠 수 있다. 지방 도시로 내려가는 기업에 세제 혜택을 포함한 여러 인센티브가 있지만 첨단 업종은 지방으로 내려가려고 하지 않는다. 한 기업인은 "지방으로 내려가겠다고 하면 기술 인력들이 가족의 압력 때문에 퇴사할 수밖에 없다고 하소연한다"고 실정을 전했다.

수도권의 기능을 쪼개 지방에 나눠 주는 것만이 능사는 아니다. 한국을 대표하는 수도권이 도쿄권, 베이징권, 상하이권, 싱가포르권과 국제 경쟁에서 이겨야 국가 경쟁력이 높아지고 서울에서 높아진 소득이 지방으로 흘러내려가는 스필오버*spillover*도 가능해진다. 프랑스는 파리의 집중을 분산시키는 지역 균형 발전 정책을 꾸준히 추진한 결과 런던에 비해 파리의 국제 경쟁력을 상대적으로 떨어뜨렸다는 비판이 나왔다. 프랑스는 근년에 전국을 6대 광역 경제권으로 나눠 파리는 파리대로 발전시키면서 광역 경제권의 균형 성장을 추진하고 있다.

남부권 균형 발전 큰 그림이 없다

노무현 정부 때 수도권의 공공 기관을 지방에 나눠 준 공기업 이전과 혁신 도시 정책은 업무 효율성을 떨어뜨리는 측면이 있기는 하지만 지방 경제 활성화에 도움이 되는 것은 사실이다. 다만 혁신 도시가 구도심의 공동화를 부르고 땅값을 보상받은 지주들이 서울 강남에 투자해 강남 아파트값을 폭등시킨 부작용도 있었다. 노 정부의 균형 발전 정책이 요란했기 때문인지 현 정부의 지방 살리기 노력은 눈에 잘 띄지 않는다.

수도권의 경쟁력을 끌어올리고 동시에 지방을 살려내는 일은 두 마리 토끼 잡기처럼 어려운 과제다. 남부권은 5000만 인구 중 36%인 1800만 명이 살고 있고, 남한 국토 면적의 53%를 차지한다. 박양호 국토연구원 원장은 "지방을 이대로 놓아 두면 노인들만 남은 농촌과 같은 공동화 현상이 나타날 우려도 있다. 지방 거점 도시에 무엇보다 대기업의 일자리를 늘려 주고 의료·교육 서비스의 질을 높이는 것이 중요하다"고 강조했다. 국토의 균형 발전을 위해 단순한 토목 공사를 뛰어넘는 큰 그림의 설계와 범수도권의 배려가 필요하다.

중산층 갉아먹는 복지 의존증

2011. 1. 31

1966년 1월 20일 제1야당 민중당의 박순천 대표최고위원은 국회 본회의 정책 기조 연설에서 "민중당이 중산층의 이익을 대변하고 노동 대중의 권익을 옹호하며 양심적인 기업가를 보호하는 정당"이라고 선언했다. 1995년 김대중 전 대통령은 새정치국민회의를 출범시키면서 '서민과 중산층을 위한 정당'을 메인 카피로 사용했다. 이 카피는 선거전에서 상당히 먹혀 1997년 대선 승리에도 도움이 됐다. 지금의 민주당은 민중당과 국민회의에 뿌리를 두고 있다. 그럼에도 민주당이 최근 쏟아내는 공짜 시리즈 복지 정책에서 중산층이라는 말은 찾아보기 힘들다.

한나라당은 2007년 대선에서 좌파 정권 10년을 비판하며 성장과 효율, 친기업의 가치를 강조했다. 그러나 집권 후 부자 정당이라는 비판과 함께 지지도가 떨어지자 국정 기조를 친서민으로 바꾸었다. 한나라당 서민정책특별위원회는 '서민'을 저소득층과 중산층을 포괄하는 약 70%의 국민이라고 규정한다. 여야 공히 중산층을 서민에 흡수 통합해 버린 꼴이다. 중산층은 중위 소득자라는 경제학적 개념이다. 서민은 경제적으로 중산층에 포함되지 못하고 권력에 접근하지 못하는 민초라고 할 수 있다.

2009년 통계청의 계층 의식 조사에 따르면 상상, 상하, 중상, 중하, 하상, 하하의 6가지 범주를 주고 '당신이 어느 계층에 속한다고 생각하느냐'는 질문을 하면 '중상,' '중하'라고 대답하는 사람의 비율이 55.8%였다. 상류층이라는 응답은 2.2%, 하류층이라는 응답은 39%다. 과거에는 '중'의 의식이 70~80%에 이르렀으나 1997년 외환 위기 이후 사회 양극화가 심해지면서 중산층 귀속 의식이 줄어들었다.

과잉 복지가 시민의 덕성을 손상시킨다

경제협력개발기구(OECD)는 전체 가구를 가처분 소득 순으로 줄을 세웠을 때 가운데에 있는 중위 소득의 50~150%에 해당하는 가구를 중산층으로 규정한다. OECD 기준에 따른 한국의 중산층은 63.2%다. 상대적 빈곤층은 15.2%. 중산층을 포함해 70%에 가까운 국민을 서민으로 규정하고 급식, 의료, 교육에서 무상 시리즈를 안기겠다는 정치 공학은 나라의 곳간을 거덜 내고 시민 사회의 건강성을 치명적으로 손상시킬 것이다.

1968년 미국 대통령 민주당 후보 경선에 출마했던 로버트 F. 케네디Robert F. Kennedy 상원의원은 "과도한 복지 혜택이 수혜자들의 시민적 능력을 타락시킨다. 복지가 수백만 명의 국민을 빈곤과 의존증의 노예로 만든다"고 비판했다. 그는 "빈곤 문제의 해결책은 가난한 계층이 '나는 이 나라의 발전에 이바지한다. 나는 이 위대한 나라의 일원이다'라고 말할 수 있도록 일자리를 제공하는 데 있다"고 강조했다(마이클 샌델Michael Sandel의 《왜 도덕인가 *Why Morality*》). 암살자의 총을 맞고 숨져 꿈을 펴지 못했지만 그의 복지 관련 발언은 우리 정치인들이 되새겨 볼 만한 금언이다.

프랜시스 후쿠야마Francis Fukuyama는 명저 《트러스트*Trust*》에서 민주주의와 자본주의가 제대로 작동하려면 도덕률, 공동체에 대한 의무, 신뢰가 가미돼야 한다고 기술한다. 자본주의의 발전 과정에서 법률, 계약, 경제적 합리성과 함께 근면, 정직 같은 미덕이 자본의 축적에 결정적으로 이바지했다. 사람들이 열심히 일하는 이유에는 금전상의 보수도 중요하지만 일이 가져다주는 사회적 인정에 대한 만족감도 있다.

한국인의 중산층 윤리는 재정 위기를 겪고 있는 그리스인의 그것과는 크게 다르다. 우리 사회의 중산층은 산업화와 민주화에 기여했다는 자부심이 있고 공중도덕이나 질서를 잘 지킨다. 생활 정도에 비해 세금을 많이 내는 편이고 자녀 교육열이 강하다. 책임 있는 정치인이라면 서민을 끌어올려 중산층으로 편입시키는 노력을 해야 한다. 중산층의 복지 의존증은 망국병 바이러스다.

'아이들에게 족쇄를 채우라'

무상 급식의 대상을 늘리더라도 상대적 빈곤층(15.2%)의 범위 안에서 이뤄져야 한다. 세금으로 제공하는 급식은 부유층이나 중산층 아이들이 아니라 요즘 같은 추운 날씨에 끼니를 거르는 아이들에게 돌아가야 한다. 이른바 진보 교육감들의 학생 인권 주장도 전면 무상 급식처럼 잘못된 길을 가고 있다. 빌 클린턴 전 미국 대통령은 로버트 케네디와 마찬가지로 진보 정당인 민주당 소속이었다. 그는 선거 운동 기간에 '아이들에게 족쇄를 채우라'고 유세했다. 청소년이 포르노를 보지 못하도록 컴퓨터에 V칩을 장착하고, 교복을 입히고, 무단 결석과 미성년자의 임신, 흡연에 반대하는 캠페인을 펼쳤다.

왜 우리의 좌파 교육감들은 장발이 죄냐고 따지고, 교복을 벗기고, 학생 인권 운운하며 미래 세대의 방종을 역성들려는 것인가. 진보의 가치를 오해하는 것 같아 답답하다. 세상일에 공짜 점심이 없고 자유에는 책임이 수반함을 청소년들에게 가르치는 것도 중요한 교육이다.

이마트 피자와 SSM의 두 얼굴

2010. 11. 8

출근길 아파트 단지에서 지하철역으로 가는 골목길에 가게들이 어깨를 비비고 들어서 있다. 떡방앗간, 공인중개사사무소, 세탁소, 치킨집, 만두집, 베이커리, 정육점, 미용실, 이발소…… 고만고만한 음식점들이 많다.

지하철역 근처에 '朴텔러'라는 맞춤 양복점이 있다. 간판에 영어로 'tailor'(재단사)라고 병기해 놓은 것을 보면 '박테일러'를 잘못 쓴 게 분명하다. 양복점 주인 정 씨는 그전 주인이 이민 가면서 내놓은 가게를 인수해 박텔러 상호를 그대로 쓰고 있다고 했다. 45년 경력의 정 씨는 10대 소년 때 양복점 직공으로 들어가 20여 년 만에 독립해 가게를 차렸다. 한쪽 구석에는 브러더미싱 구형 모델이 놓여 있었다. 정 씨는 "환갑이 넘었는데 업종을 바꿀 수도 없고, 양복 수선도 하면서 그럭저럭 꾸려간다"고 소개했다.

대기업 슈퍼마켓(SSM)의 출현으로 동네 가게들이 벼랑 끝으로 내몰리고 있다고 아우성이다. 구멍가게가 슈퍼에 밀려나고 슈퍼는 대형 마트와 SSM에 자리를 내준다. 국세청 자료에 따르면 자영업은 창업 후 3년 안에 열 집 중 여섯 집이 문을 닫는다.

경제협력개발기구(OECD) 30개 회원국의 취업자 중 자영업자 비율을 보면 터키(40%), 그리스(35.5%), 룩셈부르크(33.8%)에 이어 한국(30.0%)이 4위로 높다. OECD 평균 15.8%의 두 배에 가깝다. 우량 기업이나 서비스 업종의 좋은 일자리가 부족하고 사회 안전망이 빈약하다 보니 먹고살 길을 찾아 너도나도 자영업에 뛰어든다. 결국 과당 경쟁이 벌어져 간판과 인테리어 업자만 돈을 번다는 얘기도 있다.

기업의 일자리가 적어, 자영업이 과잉

나우콤 문용식 대표가 신세계 정용진 부회장에게 "슈퍼 개점해 구멍가게 울리는 짓 하지 말기를…… 그게 대기업의 할 일이니"라고 반말 트위터를 보내 한밤 설전이 벌어졌다. 신세계는 자사의 SSM '이마트 에브리데이'는 사업 초기에 개설한 17개에서 더 늘리지 않은 지 오래됐다고 해명했다. SSM은 롯데슈퍼 239개, 홈플러스 익스프레스 214개, GS마트 190개다. 문 대표가 SSM을 공격할 의도였다면 표적을 잘못 잡았다.

문 대표는 SSM에서 방향을 얼른 돌려 "피자 팔아 동네 피자가게 다 망하게 하는 것이 대기업이 할 일이냐"고 이마트를 겨냥했다. 그는 "사회가 멍드는 건 재벌 대기업을 비롯한 기득권층의 탐욕 (때문)"이라고 주장했다. 나우콤의 '아프리카'는 광우병 촛불 시위를 생중계했던 인터넷 방송이다. 문 대표의 말에서 대기업과 SSM에 대한 촛불 좌파의 인식이 묻어난다.

SSM과 이마트 피자는 계층 갈등을 부추기기에 좋은 재료다. 청와대 관계자는 "SSM이 우리 사회에서 반기업 정서를 확산시키는 데 일조하고 있다"고 걱정했다. 반세계화와도 관련이 있다. 정부는 SSM을 규제하자니 한–EU 자유무역협정(FTA)이 걸려 적지 않게 신경이 쓰이는 눈치다. 홈플러스 대주주는 영국 테스코 그룹이다.

SSM과 대형 마트는 두 얼굴을 가졌다. 유통 구조를 현대화하고 생활필수품 가격을 떨어뜨리는 것은 중산층과 서민에게도 득이다. SSM과 관련한 사회적 논의에서 소상공인의 피해만 거론되고 소비자 후생(편익)이 배제돼 있는 것도 공정하지 않다. 많은 판매원을 채용해 지역 사회에 일자리를 제공하는 측면도 무시할 수 없다. 다만 모든 것을 시장 논리에만 맡길 경우 동네 가게로 살아가야 하는 영세 자영업자들의 생계가 당장 큰일이다.

이마트 피자는 체인점 피자에 비해 규격은 더 큰데 값은 절반이다. 왕십리 이마트는 최근 논란을 의식했는지 하루 250개로 한정 판매를 했다. 과연 소비자들이 동네 피자를 살리기 위해 비싼 돈을 지불해야 하는가. 소비자들은 문 대표만큼 '정의롭지 않고' 가격에 민감하다. 그는 '동네 피자' 편을 들었지만 그것 역시 대부분 체인점 피자다. 피자 가게의 강점도 있다. 이마트 피자는 세 종류뿐인데 전문점에서는 종류가 훨씬 다양하고 고객의 기호에 따라 주문 생산도 한다. 신속하게 배달도 해준다.

소비자 편익과 니즈도 다양하다

요즘 중소상인들이 어려운 것은 온라인 판매의 영향도 크다. 청소년들은 인터넷에서 수천수만 가지의 상품을 클릭해 일일이 비교하며 물건을 사는 데 익숙하다. 1960, 1970년대의 거리 풍경을 장식했던 농방, 양복점, 양장점, 시계포 같은 가게들은 추억과 향수를 불러일으킨다. 박텔러처럼 기성복과 고급 맞춤복의 틈새에서 살아남는 가게들이 많아지면 거리 풍경이 다채로워지고 소비자의 선택 폭도 넓어질 것이다.

그러나 기술의 발전, 비즈니스 환경의 변화 그리고 세계화에 따라 새로운 자영업종이 무수히 생겨나고 사라지기를 반복하는 현상을 인위적으로 막을 도리는 없다. 장기적인 해법은 서비스업 규제를 과감히 풀어 좋은 일자리를 공급함으로써 자영업자의 비중을 OECD 평균 수준으로 낮추는 것이다.

채널A 〈황호택의 눈을 떠요〉

출연 **강봉균** 전 민주통합당 의원 **조수진** 〈동아일보〉 정치부 차장 | 2013. 1. 7

"영화 〈레미제라블〉 보셨어요? 영화를 보면서 느낀 건 서민의 삶이 너무 고통스럽고 기아선상을 헤매면 결국 혁명이 일어날 수밖에 없다는 사실입니다. 시장 경제를 지키기 위해서도 복지를 해야 된다고 영화를 보면서 그런 생각을 했는데요."

_ 강봉균 전 민주통합당 의원과의 대담 중

"박근혜 당선인이 공약한 복지 정책 다 지키자면 아마 100조 원을 넘는 예산이 필요할 텐데요. 민주당보단 적지만 이러다가 나라 곳간이 텅텅 비지 않겠느냐, 박근혜 당선인께서 이번에는 '약속을 안 지킬 건 안 지켰으면 좋겠다' 이런 이야기가 나오는데요? 약속과 원칙의 정치인한테 '약속을 지키지 말라' 이런 고언을 하기도 모순된 거 같고요?"

_ 강봉균 전 민주통합당 의원과의 대담 중

言中有骨 9

출연 **조해진** 새누리당 의원 **최우열** 채널A 정치부 기자 | 2013. 1. 8

"MB는 '전봇대를 뽑아라'고 이야기 했는데, 박근혜 대통령 당선인은 '손톱 밑에 가시를 뽑아 줘야 된다.' 역시 모성母性 리더십입니다. 아이가 손톱 밑에 가시가 박혀 울면 엄마가 뽑아 주고 호호 불지 않습니까? 중소기업과 서민의 고통을 덜어 주자는 모성 리더십의 표현이 아닌가 싶어요."

"(인수위원 기자들 기피하는 태도 관련) 그냥 말을 안 하고 '제가 입이 없습니다. 노코멘트 하겠습니다' 이 정도 말하면 되는데 도망갈 것까지야…… 속된 말로 기자가 잡아먹는 것도 아닌데요."

"주변에 물어 보니 계파색이 옅고 착하다, 튀지 않는다, 열심히 일 한다, 이런 점이 전천후가 되신 게 아닌가 싶어요? 전천후란 말 아시죠? 비가 와도 잘 되고, 눈이 와도 잘 되고……"

_ 조해진 새누리당 의원과의 대담 중